평화와
연대의
인문학

전남대학교 인문학연구원
HK+가족커뮤니티사업단
시민문화총서 **03**

김석봉·김유경·김은호·문아영·압둘와합
오세욱·윤김지영·이상현·장이정수·정미선 공저

평화와 연대의 인문학

전남대학교출판문화원

■ 평화와 연대의 인문학을 발간하며

『평화와 연대의 인문학』은 전남대학교 인문학연구원 지역인문학센터에서 KCTV광주방송과 함께하는 '미디어 인문학'을 바탕으로, 우리 사회의 곳곳에서 지향적 커뮤니티를 위한 활동과 연구를 지속하고 있는 선생님들의 '평화'와 '연대'에 관한 체험과 모색 그리고 시각을 한 데 모아 한 권의 책으로 엮어낸 결과물입니다.

팬데믹과 기후위기, 전쟁과 국가폭력, 전지구적 불평등, 노동과 착취, 상시화된 불안 등 오늘날 우리 사회에서 시민 개개인의 주체화를 추동하는 저변에는 생존자로서의 감각이 주요한 자리를 차지하고 있는지도 모릅니다. 이 책은 이처럼 동시대의 삶과 공동체의 '앓음'을 둘러싼 면면을 살피는 가운데, 우리가 맞닥뜨린 커뮤니티의 다종적인 취약성에 대한 진지한 성찰과 실천을 요청하고자 하였습니다.

1부 <평화의 인문학을 향하여>는 시민들의 일상에 평화의 목소리를 들려주고 삶 속에서 실천하는 평화운동을 위해 기획되었습니다. 세계 각국에서 그리고 우리나라에서 면면히 실천되고 있는 평화운동의 개념과 사례를 소개하고 일상에서 실현하는 평화운동을 모색하는 글들을 통해서, 가정과 일터 등에서 벌어지는 평화운동을 통해 사회와 세계를 바꿔나가고 폭력을 비판하며 관계 속의 나를 찾아가는 여행을 떠나볼 수 있을 것입니다.

2부 <피로한 시대, 여성에게 길을 묻다>는 코로나 시대를 지나며 우리 사회에 만연한 분열, 배제, 혐오를 넘어서서 지지와 연대로 향할 수 있는 가치를 여성을 통해 찾아보기 위해 기획되었습니다. 여성의 시선을 경유한 성찰을 통해 팬데믹, 기후위기, 사회적 재난 등이 한국 사회에서 살아가는 개개인의 삶과 만나는 과정에서 이제까지 우리의 일상을 가능하게 만들어왔으나 미처 알아차리지 못했던 돌봄, 노동, 환경의 가치와 본질을 진지하게 사고하고 고민해볼 수 있을 것입니다.

3부 <연대하는 삶>은 역사적 사건이 '나'의 삶과 떨어져 있지 않음을 깨닫고 역사적 사건과 삶을 연결하는 일, 역사적 사건을 통해서 배우고, '나'의 삶과 관계 속에 면면히 흐르는 역사의 물결을 찾아보는 작업을 통해 일상의 가치를 재조명해보기 위해 기획되었습니다. 공감한다는 것은 연결된다는 것입니다. 공감하는 행위가 나 자신, 내가 속한 공동체, 우리 사회에서 타자화된 삶을 살아가는 이들에게 어떤 변화를 가져올 수 있을지 다시 생각해보는 시간을 갖고, 우리 주변을 성찰함으로써 우리가 서로 공감하고 연결될 수 있는 여러 방법들을 탐색해볼 수 있을 것입니다.

평화와 연대는 커뮤니티의 조건이나 산물이 아니라, 개개인의 시민으로서 우리가 끊임없이 만들어나가야 할 지향이자 실천의 상태를 의미하는 단어입니다. 이 책이 그러한 여정에 자그마한 용기와 지지의 목소리로 함께하길 바랍니다.

2022년 2월

전남대학교 인문학연구원장 **정미라**

■ 차 례

제 I 부

평화의 인문학을 향하여

일상에서 안전한 공간을 만드는 평화실천

일상에서 평화를 사유하는 일에 대하여

일상의 비폭력; 갈등전환과 공동체 자기돌봄 프로세스
회복적 서클(Restorative Circles)

일상에서 안전한 공간을 만드는 평화실천

오 세 욱
(그물코평화연구소 대표·청소년대안학교 그물코학교 교장
화성민주시민교육네트워크 상임대표)

일상의 폭력과 평화

'평화'라는 낱말이 떠오르게 하는 이미지를 묻는 2019년 통일연구원 설문조사에 따르면, 첫 번째 이미지는 비둘기, 두 번째 대답은 통일이었다. 비둘기는 예전에 올림픽이나 국제경기에 자주 등장하면서 많은 사람들이 갖게 된 연관 이미지인 것 같다. 하지만 일상으로 돌아오면 비둘기의 이미지는 그리 단순하지 않다. 도시의 공원과 빌딩 사이를 날아다니며 배설물로 오염시키는 존재에게서 평화의 이미지는 어떻게 작동될지 궁금하다. 두 번째 이미지인 통일 역시 우리의 일상을 세밀히 살피지 않는다면 내 삶과 크게 관련성이 없는 것처럼 보이기 쉽다.

그만큼 평화는 모든 인류가 바라고 꿈꾸는 것이지만 한편으로는 모호하고 막연하여 구체적 일상과의 연관성을 찾기 힘든 것이 현실이다. 다시 말하면 일상에서 경험하고 심화 되어가야 할 실질적 평화는 상실된 채 폭력적 경험만 심화 되고 있는 것이 우리의 현실이라고 할 수 있다. 하지만 이는 그만큼 저 멀리 있는 평화를 모두의 일상으로 가져오는 것이 우리 사회가 당면한 중요 과제임을 역설하는 것이기도 하다.

평화와 관련된 이미지의 두 번째 대답은 통일이다. 실제적으로 우리 사회에서 평화라는 낱말을 가장 많이 사용하고 듣는 분야는 한반도 남북관계로서, 평화체제 평화선언 등의 표현이 자주 회자되고 있다. 현재 남북은 종전이 안 된 채 전쟁을 잠시 멈춘 상태만을 유지하는 반-평화조성(peacemaking)의 상황이다. 이것은 더 큰 제삼의 힘에 의해 무력충돌이 일시적으로 멈추어진 상태를 말한다. 유엔평화유지군(UN Peacekeeping Force)은 무력충돌이 일어나는 분쟁지역에 들어가 더 큰 무력으로 양측을 제압하여 충돌을 멈추게 하고, 그 후 분쟁 중단상태를 유지하는 역할을 한다. 무력으로 제압하여 충돌을 멈추게 하는 행위를 peacekeeping, 그 후 협정과 감시 등으로 충돌중단 상태를 유지하는 것을 peacemaking이라 할 수 있다. 이렇게 볼 때, 한반도의 남북관계는 잠정적으로만 무력충돌이 멈추어진 채, 위태로운 상태를 유지하는 peacemaking의 상태이다.

힘에 의한 평화의 유지는 불안하고 위태롭다. 충돌의 원인을 해소하지 않은 채 더 큰 힘으로 양측을 제압하는 것은 양측 모두로부터 불만을 갖게 하며 양측은 언제든 다시 충돌을 일으킬 소지가 있다. 또 하나의 문제는 더 큰 제 삼의 힘이 활동하는 방식이다. 이 힘은 물론 평화를 유지한다는 대의명분이 있지만 이 힘이 언제나 평화로운 방식과 목적으로만 사용되지는 않는다는 것이다. 실제로 유엔평화유지군의 불법적인 힘의 실행은 양측을 향한 것이든 민간인을 향한 것이든 많은 문제를 일으켜왔고 언제든 발생할 수 있는 논란거리를 품고 있다.

힘은 평화를 만들고 유지하는 힘일 수 있지만, 부당하게 약자를 억압하고 차별하는 방식으로 작동하기도 한다. 이때 힘(power)은 폭력(violence)으로 전화된다. 평화운동은 이러한 힘의 작동방식에 주목하고 폭력에 저항하며, 평화의 문화를 형성하는 비폭력 평화의 길을 모색하고 실천하는 일련의 과정이라 하겠다.

평화학자 요한 갈퉁(Johan Galtung)은 폭력을 물리적 폭력, 구조적 폭력, 문화적 폭력으로 구분하여 유형화하고 있다.[1)] 물리적 폭력이란 신체에 가해지는 직접적 폭력이다. 체벌이나 고문, 성폭력 등을 포함한다. 그런 면에서 물리적 폭력은 여전히 우리 일상의 음지에 숨어있는 현실이다. 자녀에 대한 부모의 체벌이나 위계에 의한 교사의 폭력, 또한 직장 내 성폭력은 여전히 언론에 회자되고 있다. 또한 경찰이나 검찰에 의한 피의자 고문 역시 그리 과거의 이야기가 아니다. 이러한 물리적 폭력은 보이지 않는 구조적 폭력에 의해 보호받고 있다. 고문이나 강압에 의한 수사 담당자는 법적 처벌이 미약하여 오히려 법적으로 보호되고 장려되는 것처럼 여겨지기까지 하는 반면, 약자의 처지에 있는 피의자에 대한 법적 보호는 매우 미약하다. 이것이 구조적 폭력의 현실이다. 표현의 자유는 언제나 국가보안법 위반

1) Johan Galtung, *Peace by Peaceful Means*, London: Sage, 1996. 강종일 외 옮김, 『평화적 수단에 의한 평화』, 들녘, 2000.

이 될 수 있기에 우리 안에 자기검열이 일상화 되어있다. 여성만 처벌하는 낙태처벌법은 제정 66년 만에 결국 2019년 4월 헌법재판소로부터 헌법불합치 결정을 받았다. 이러한 합법적 폭력과 차별이 용인되어온 것은 바로 문화적 폭력에 기인한다. 포괄적 차별금지법은 국민의 정서와 합치되어야 한다는 이유로 제정이 미루어지고 있다. 이때 국민의 정서란 무엇인가? 유럽백인과 아시아이주민을 대하는 태도에서 두드러지게 보여지는 남한사회의 인종차별, 범죄 유형별 가피해자 성비 보고에 의하면 성범죄의 98%가 남성이고 그 피해자의 93.5%는 여성이라는 사실[2)]은 우리사회의 물리적, 구조적 폭력을 가능하게 하는 문화적 폭력이 배후에 있음을 알 수 있다.

요한 갈퉁은 폭력에 있어서 물리적 직접 폭력만이 아니라 구조적 폭력과 문화적 폭력이 있음을 분석함과 더불어, 평화 역시 직접적 폭력이 없는 소극적 평화만이 아니라 비폭력 적극적 방식으로 갈등과 폭력을 해결하는 적극적 평화를 역설하였다. 평화학에서는 이러한 적극적 평화실천의 과정을 peacekeeping 또는 peacemaking과 구분하여 peacebuilding으로 표현한다. 1992년 유엔 사무총장 부트로스 부트로스-갈리(Boutros Boutros-Gali)는 보고서 '평화의 의제(An Agenda for Peace)'에서 유엔이 기존에 해오던 평화재건 활동과 역할을 전환하자고 제안하면서 전

2) 통계청 국가통계포털 사이트 https://kosis.kr/statHtml/statHtml.do?orgId=132&tblId=DT_13204_501, 경찰범죄통계 사이트 https://www.police.go.kr/www/open/publice/publice03_2020.jsp, 서울지방경찰청, 정보공개청구자료(2018.10.23) "2018 서울시 성인지통계" 보고서 등 참조.

쟁 및 무장 충돌의 종식활동(peacekeeping), 정전 유지와 평화조약의 실행을 감시하는 활동(peacemaking) 이후의 역할을 주장하였다. 여기에서 그는 무장충돌 이후 사회를 재건하기 위해 갈등과 충돌을 막을 수 있는 총제적 제도와 역량을 구성하는데 주목하자고 촉구하며 peacebuilding을 제안하였다.[3] 물론 이러한 세 접근은 기계적 순차적 단계를 의미하는 것은 아니다. 하지만 "충돌 당사자를 우선 긴급 분리시키고, 상호간 정치적 해결을 모색하고 타협하며, 마지막으로 적상대자들 양자가 동의하는 평화적 시스템 안으로 상호초대하고 결합시키는 것"이 평화형성(peacebuilding)의 길이라는 것을 이해하는데 유효하다.

안전한 공간과 원형 모델(Circle)

파커 파머(Parker J. Palmer)가 존재의 이중성을 경험한 곳은 학교였다. 그에게 학교는 전혀 안전하지 않았다. 그에게 학교는 자신의 진짜 모습보다 더 강하고 더 똑똑하게 보이려는 태도와 방식을 익히는 공간이었다. 숨겨진 교육과정(hidden curriculum)이란 용어가 있다. 예를 들면, 수학 과목에서 겉으로 드러나는 교육과정은 1학기 방정식, 2학기 함수 등으로 구성된다. 그런데 수학 수업을 1년, 2년 참여하면서 학습자에게 남는 것은 무엇인가? '아, 수학은 어렵다. 공부 잘하는 친구가 부럽다.' '나는 능력

3) 서보혁·정주진, 『평화운동-이론·역사·영역』, 진인진, 2018.

이 없고 쓸모없는 존재다. 그러나 능력이 없다는 것을 들키면 안 된다. 무시당하고 싶지 않다...' 혹시 이러한 열등감과 무력감, 비교와 시기의 태도들이 깊이 내면화되는 과정은 아닐까? 명시적인 교육과정의 목표는 방정식과 함수 익히기이지만, 교육의 실제적 결과는 비교하기, 잘난 척하기, 무시하기, 그리고 내면의 진실을 말하면 안 된다는 내면태도 등이 교육과정 참여의 학습결과로 남을 수 있다는 것이다. 파커 파머는 숨겨진 커리큘럼에 대한 이야기를 통해 우리에게 '안전한 공간'에 대한 필요성을 말하고 있다.[4)]

토머스 머튼은 '만물엔 숨겨진 온전함이 있다'고 한다. 그러나 우리는 그 온전함을 솔직하게 드러내기보다는 우리 내면의 어둠이 드러날까 두려워한다. 그 어둠이 드러날 때 다가올 평가와 비난에 두려움을 느끼면 자신을 꽁꽁 싸매며 산다. 이것이 이중적 삶이자 분열의 현실이다. 그런 면에서 안전한 공간이란, 자신의 내면의 진심을 드러내도 공격받지 않고 비난받지 않고 평가받지 않는 공간이다. 또한 자신의 진심이 있는 그대로 경청되는 공간이며, 동의하지 않을지라도 경청하는 동료를 경험하는 공간이다. 안전한 공간이란, 내면의 진심(영혼)이 자신의 모습을 드러내도록 환영하고 그 진심의 소리를 경청하며 그 진심의 소리가 우리의 길잡이 노릇을 하도록 개방하는 공간이다.

"배치가 바뀌면 세상이 바뀐다."는 말이 있다.[5)] 우리는 어떤

---

4) Parker J. Palmer, *A Hidden Wholeness : The Journey Toward an Undivided Life*, John Wiley & Sons, Inc., 2004. 김지수 옮김, 『다시 집으로 가는 길』, 한언, 2014.

배치 속에서 살아가고 있을까? 늘 보이지 않는 권력과 위계의 피라미드 삼각형 속에 배치되어 있는 것은 아닐까. 그래서 늘 나보다 아래를 비웃고 위의 권력을 흠모하며, 우월함과 두려움의 관계 속에 있는지 살펴볼 일이다.

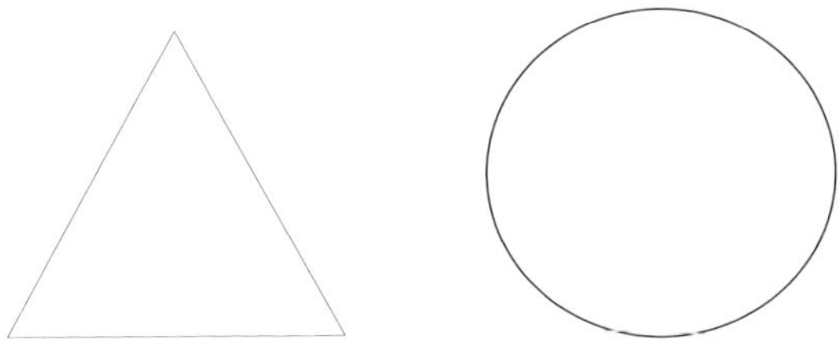

삼각형의 구조 안에서 나타나는 사회적 현상 중 하나가 칸막이 현상(compartmentalizing)이다. 교실의 수업 안에서는 인류애와 평화를 이야기하지만, 교실 밖에서는 이기적 유익을 위해 뇌물을 서슴치 않고 차별과 성폭력이 자행된다. 이것은 표피적 칸막이 현상만이 아니라, 심리적 칸막이 현상도 야기한다. 사랑과 뇌물 사이에, 폭력과 평화 사이에 전혀 심리적 어려움을 의식하지도 못한 채 살아가는 것이다. 평화운동은 이러한 일상의 힘의 작동을 세밀히 주목하고 관찰하여 그 힘이 어떠한 방식으로 작동하고 영향을 미치는지 탐구하여 탈은폐시키고 전환하는 과정임을 기억하자.

오른쪽 도형은 피라미드 삼각형이 아니라 원형 모델(Circle)

5) Christina Baldwin & Ann Linnea, *The Circle Way : A Leader in Every Chair*, Berrett-Koehler, 2010. 봉현철 옮김, 『서클의 힘』, 초록비책공방, 2017, 36~40쪽.

을 보여준다. 원형의 배치 형태인 서클(Circle)은 매우 오래된 평화모델이자 평화사상이다. 서클은 힘을 어떻게 독점지배의 형태로 발현하지 않고 분배의 형태로 기여할 수 있을지 탐구한다. 힘의 발현은 건강하고 건설적일 수 있지만 반대로 불균형과 해로움이 될 수도 있다. 자기결정과 자기실현의 욕구는 인간의 선천적 욕구로서, 두 가지 모두 건강하고 자연스러운 힘의 연습이 필요하다. 이 욕구가 방해받으면 무력감을 낳으며 이는 분노, 우울, 절망 등으로 향해간다. 서클 안에서 개인의 힘은 자신의 목소리를 통해 말을 할지 하지 않을지 결정할 수 있는 자기결정권이며, 서클 안에서 공동의 힘은 어떤 관점이나 위치에도 특권을 허락하지 않는다는 합의를 통해 만들어진 힘의 분배를 통한 결정이다.6)

서클과 여타의 모델들(최근에 회사 등에서 많이 사용되는 퍼실리테이션 등)에서 매우 중요한 차이는 문제해결중심이 아니라는 것이다. 서클에서는 언제나 핵심문제를 논의하기 전에 서클 참여자 간의 관계형성이 우선된다. 이것은 매우 의도적이고 중요한 서클의 철학이자 전략이다. 서클은 참여자 간의 관계형성을 위한 몇 가지 작업들을 수행하기 전까지 민감한 문제에 대한 대화는 고의적으로 지연시킨다. 다시 말하면 서클은 의도적으로 문제 상황에 바로 직면하지 않는다.7)

---

6) Carolyn Boyes-Watson and Kay Pranis, *Heart of Hope Resource Guide*, St.Paul: Living Justice Press, 2010. 서정아 외 옮김, 『서클로 여는 희망』, 대장간, 2020, 56~59쪽.

7) 위의 책, 80~81쪽.

그런 면에서 서클은 마을 민주주의에서 크게 주목할 만하다. 최근 퍼실리테이션이 기술적 측면으로 많이 소개되고 있지만, 자칫 문제해결에만 집중하다가 주민 간 신뢰형성은 놓치는 결과를 가져올 수 있다. 마을에서 중요한 것은 문제해결보다 주민 간 신뢰구축이다. 마을의 의제는 언제나 갈등을 야기하기 쉽고, 쉽사리 힘 있는 존재의 결정에 의존하기 쉽다. 이는 오히려 마을민주주의를 저해하기도 한다. 설사 마을의 사업이 지연되거나 취소되더라도 주민 간 상호이해 가운데 신뢰가 형성되는 것이 훨씬 중요하다. 그러나 많은 현실에서는 사업은 계획대로 잘 이루어졌을지 모르지만 정작 마을주민 간 신뢰는 구축되지 못하고 오히려 불신과 갈등이 남겨지는 경우가 매우 흔하다. 안전한 공간과 민주적 삶이란 내면의 진심과 일치하는 삶이다. 이것은 민주주의의 근원적 주제인 시민성과 관련된다.

민주적 공론장과 대화모임

우리는 살아가면서 내면의 고통과 아픔을 표현하도록 격려받은 경험이 얼마나 있을까? 상위의 목적과 당위에 의해 내면의 고통과 아픔은 오히려 수치스러움으로, 그래서 각자 개인이 알아서 감추어야 할 어떤 것으로 평가되지는 않았을까. 1970년대를 이끈 페미니즘의 구호 "개인적인 것이 정치적인 것이다.(the personal is political)"는 일상 속에 상존하는 미시권력관계, 사생활의 식민지화에 문제를 제기하고 있다. 안전한 공간은 이러한 미시권력, 일상을 지배하는 권력에 대한 반성과 성찰에서 출발한다. 이것은 최근 확산되고 있는 일상의 민주주의 논의와 연결점이 있다. 민주시민교육의 일각에서 부는 최근의 표어는 '광장의 촛불을 일상의 민주주의로'라고 요약할 수 있다. 이것은 화성민주시민교육네트워크의 표제어이기도 하다.

일방적으로 목소리를 높여야만 하는 성명서 투쟁의 역사와, 일상을 팽개쳐둔 채 뛰쳐나와야만 하는 광장정치의 시간들을 지나가고 있다. 언제까지 우리의 민주주의는 일상을 버려둔 채 살아가야만 할까. 그리고 그 결과로 부족하나마 얻어낸 제도적·절차적 민주주의는 우리의 삶에 어느 정도의 영향을 미치고 있는가. 우리는 민주적 삶을 '살아가고' 있는가.

제도적·절차적 민주주의의 중요성은 물론 반복할 필요가 없을 만큼 중요하다. 그러나 제도의 변혁에도 불구하고 변하지 않는 강고한 일상 속에 뿌리 박힌 반민주적 행태 역시 매우 깊다. 이것은 이제 선후의 문제라기보다 병행교차의 차원으로 주목되고 있으며, 요한 갈퉁이 제시한 구조적 문화적 폭력에 대한 다수의 성찰의 결과이기도 하다.

일상의 민주주의를 이루는 과정에서 중요한 요소가 민주적 공론장의 형성이다. 공론장(公論場)은 정치적 대화의 장이라고 하겠다. 이때 정치적 대화(political dialigue)란 비공식적이고 사적이며 비목적적 대화를 포함한다. 이 대화는 사적인 삶의 의미와 공적 주제들을 연결시키는 교량의 기능을 담당한다. 또한 이 대화는 민주적 규칙에 의해 실행되지만 동시에 합의를 통해 민주적 규칙과 태도를 형성하고 생산한다. 따라서 이 대화는 다시 정치적 세계의 일부가 된다. 따라서 토크빌의 말처럼, 마을에 구성되는 안전한 공간에 기초한 대화모임은 민주적 토대를 이루는 근간이 될 수 있다.

민주적 공론장으로서의 대화모임은 의사소통(communication), 회의와 합의(decision making), 갈등전환(conflict transformation), 그리고 이를 통한 공동체 구축(community building)의 단계를 거친다.

■ 의사소통

의사소통은 내가 말하고 상대가 듣기, 상대가 말하고 내가 듣기의 순환적 과정이다. 말하기를 위해서는 먼저 내 자신이 진심으로 원하는 것이 무엇인지 스스로 이해해야 한다. 하지만 대부분의 경우 자기관찰보다 앞선 말하기가 흔히 일어난다. 말하기의 전제는 내가 진심으로 원하는 것에 대한 관찰과 이해, 즉 자기성찰이다.

관찰과 이해 다음이 표현하기/말하기이다. 비폭력대화(Non-Violence Communication)를 창시한 로젠버그(Marshall B. Rosenberg)의 제안에 의하면, 상황의 관찰, 그 상황이 촉발하는 나의 느낌, 그 느낌의 배후에 있는 나의 진심을 말하고 마지막에 상대에게 내가 바라는 바를 제안한다.[8)]

---

8) Marshall B. Rosenberg, *Nonviolent Communication : A Language of Life*, Puddle Dancer Pr., 2003. 캐서린 한 옮김, 『비폭력대화』, 한국NVC센터, 2011.

관찰 observations	느낌 feelings	욕구 needs	제안 requests

여기서 중요한 것은 발화자의 욕구에 대한 주목이 제안보다 우선한다는 점이다. 그래서 이것은 단순한 기술이라기보다 존재와 존재의 심연을 연결하는 '연민의 소통'(compassionate communication)이라 불리기도 한다.

자신이 원하는 바를 명료하고 단순하게 그리고 친절하게 말하기, 이것이 의사표현의 첫 번째 단계이다. 파커 파머의 아내 세론 파머(Sharon Palmer)는 말하기에서 아래의 세 가지 질문을 염두에 둔다고 한다. 말할 가치가 있는가? 분명하게 말했는가? 아름답게 말했는가?[9] 그러나 우리는 거의 대부분은 관찰·느낌·욕구는 건너뛴 채 요구와 명령만이 난무하는 일방적 소통에 익숙하고, 이러한 태도는 자주 갈등을 야기한다.

의사소통에서 자기표현 이상으로 중요한 것은 상대에 대한 경청이다. 경청 없이는 소통(communication)이 불가능하다. 일방향적 명령은 소통을 마비시키고 상대의 귀와 마음을 닫게 만든다. 그런 면에서 비폭력대화는 말하기의 영역 이상으로 '공감으로 듣기'(empathic listening)를 강조한다. 공감이란 다른 사람이 경험하고 있는 것을 존중하는 마음으로 이해하는 것이다.[10] 나의 느낌과 진심을 알아채고 부드럽고 명료하게 표현하는 것

9) Parker J. Palmer, 앞의 책, 10쪽.

10) Marshall B. Rosenberg, 앞의 책, 94쪽·155~171쪽.

이상으로 상대의 느낌과 진심을 발견하고 공감으로 듣는 것이 매우 중요하다. 그러나 대부분의 경우 상대로부터 비난처럼 들리는 말을 들으면 자기방어에 나서거나 반격을 하게 된다. 그러나 비난처럼 표현하는 것은 그 사람 내면의 비극적 소리침으로서 이러한 표현의 배후에 있는 상대의 느낌과 그 의도를 발견하는 것이 경청의 핵심이다.

■ 회의와 합의

합의는 나의 진심을 명료하고 단순하게 표현하고 상대의 진심을 들으면서 서로의 공통점과 차이점을 발견하는 의사소통의 과정이 전제되어야 한다. 의사소통은 서로의 공통 근거과 더불어 각자의 고유성과 차이를 확인시켜준다. 서로 무엇이 같고 무엇이 다른가. 먼저 같은 점을 찾고 축하해야 한다. 서로가 서 있는 공동의 토대(common ground)를 확인하는 것이 매우 중요한 출발점이다. 그 가운데 어느 부분이 어느 정도로 다른지, 그 다름의 배후에는 어떠한 바람과 욕구가 있는지를 함께 발견해가야 한다. 그러나 우리는 흔히 서로의 차이만을 먼저 주목하고 그 차이를 비난하며 섣불리 그 차이를 희석시키고자 한다. 그러므로 합의과정의 출발은 진심 어린 의사소통이다.

회의과정에서 겪는 어려움 중 하나는 공통의 답을 찾아가는 여정임을 잊고 '누구'의 의견이 채택되는지에 심리적 관심이 집중되는 경우이다. 이때 채택된 의견을 제시한 사람은 승자가 되고 그렇지 못한 사람들은 패자가 되는 심리적 분위기를 가져온다. 결국 회의의 결과는 한 명의 승자와 다수의 패자를 낳는다. 그러니 누가 회의에 참석하고 싶겠는가? 민주적 의사소통의 성공 여부는 승-패의 관점에서 승-승의 관점으로, 각 개인들의 투쟁에서 최선의 해법을 향한 공통의 탐험으로의 전환에 달려 있다.

이를 위해 성급한 결론맺기는 매우 위험하다. 시간에 쫓기는 다수결이나 권위자의 종결은 모두를 패자로 만들 위험이 있다. 민주적 회의와 합의는 적당한 선에서 모두가 불만족한 타협을 얻어내는 것이 아니라, 공통의 해법을 찾아가는 과정이기 때문이다.

서클 프로세스를 이용한 회의에는 세 가지 형태가 있다. 말하기도구(talking piece)를 이용한 회의, 팝콘대화 회의, 그리고 침묵이다. 말하기도구 회의는 한 사람이 말하고 다른 모든 사람이 경청하는 형식적 공간을 형성한다. 이때 필요한 약속은, 말하기도구를 갖고 있는 사람만 발언할 수 있으며 나머지는 그 사람의 발언에 관심을 기울이기로 약속을 정하는 것이다. 동일한 질문이나 주제에 대해 한 사람씩 이야기를 거치면서 공통점이 확인되고 명확성이 증가한다. 이것은 모든 사람이 대화에 참여할 수 있고, 주제에 대한 자신의 진심을 눈치보지 않고 안전하게 말할 기회를 제공한다. 물론 말하기 않고 다음 사람으로 말할 순서를 넘길 수 있음도 보장한다. 한편 팝콘대화식 회의는 일종의 브레인스토밍처럼 누구나 자유롭고 빠르게 참여하는 기회를 준다. 참여자들은 서로에 반응하고 아이디어를 촉발하게 한다. 말하기도구를 이용한 방식과 팝콘대화 방식은 한 회의에서 회의의 흐름에 따라 미리 구성할 수 있다. 서클의 열기(check-in)와 닫기(check-out)는 의도적으로 말하기도구를 통한 대화를 사용한다. 그리고 서클 회의에서는 침묵을 중요한 요소 중 하나로 삼는다. 침묵은 서로의 안전을 지켜주는 시간상의 거리를 보호하며 심리적 안전감을 제공한다. 판단하고 관찰할 시간을 주거나 격한 토론으로 이어질 때, 침묵은 공간을 안전하게 유지시켜 주며, 발언을 유보하거나 자기관찰의 시간이 필요할 때 전체 침묵 또는 개인의 침묵을 요청할 수 있다.

회의는 서로의 공통부분과 다른 부분을 확인하는 과정이 우선되어야 한다. 그 가운데 참여자가 함께 서 있는 공통의 근거(common ground) 위에서 다른 요청들을 어떻게 합의할 것이냐를 탐구하는 과정이다. 그런데 참여자 간 서로의 차이를 확인하는 과정에서 갈등이 유발되기도 한다. 아니 갈등은 언제나 유발된다. 샘 케이너는 이 부분을 으르렁 지대(groan zone)라고 부른다.[11] 아래 그림은 회의에서 시간의 흐름에 따른 프로세스를 보여주고 있다.

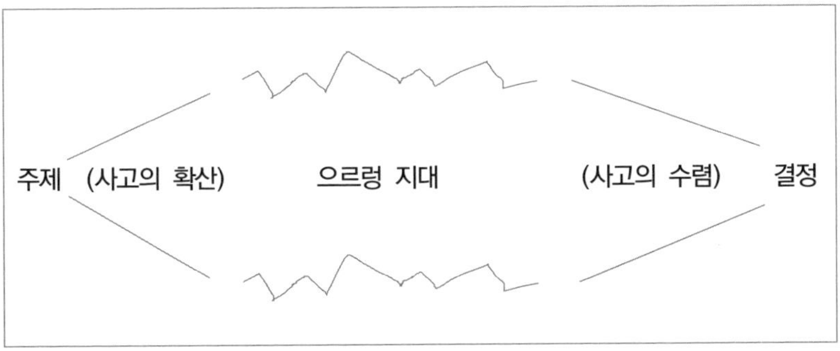

---

11) Sam Kaner, *Facilitator's Guide to Participatory Decision-Making*, Community at Work, 2014. 구기옥 옮김, 『민주적 결정방법론』, 쿠퍼북스, 2017, 41쪽.

■ 갈등전환

갈등은 언제나 발생한다. 따라서 갈등은 자연스러운 현상이다. 그럼 우리는 이 갈등에 대해 어떻게 반응해왔을까? 토마스-킬만은 일반적인 갈등관리 방식을 아래와 같이 다섯 개의 유형으로 구분하여 설명하고 있다. 아래 도표(Thomas-Kilmann Conflict Modes)에서 왼쪽 그래프는 자신의 목표에 대한 것이고 오른쪽 그래프는 타인과의 협력을 나타낸다.

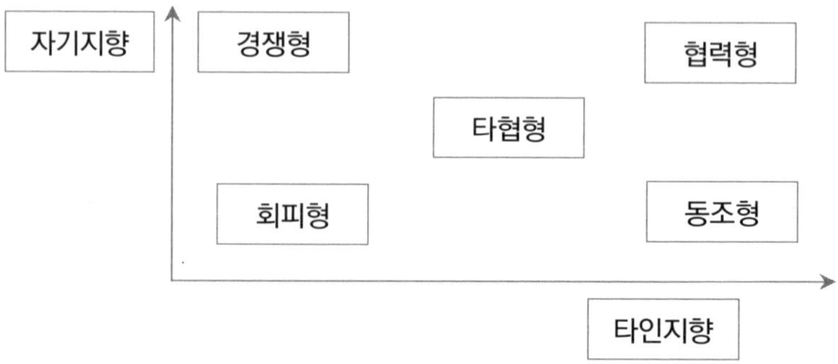

위의 표에서 경쟁형(competing)은 자기목표를 우선하며 이를 위해 상대를 압도하여 갈등을 해결하고자 하는 승-패(win-lose)의 방식이다. 동조형(accomodatiog)은 이와 반대로 상대와의 관계를 위해 자신의 목표를 쉽게 포기하며 이를 통해 갈등을 해결하고자 한다는 점에서 패-승(lose-win)의 결과로 볼 수 있다. 회피형(avoiding)은 갈등 자체를 회피하려는 태도로서 이를 통해 자신의 목표만이 아니라 상대의 바람까지도 무시하는 반응이며 결국 양측 모두의 패(lose-lose)라고도 하겠다. 한편 타협형(compromising)은 상호 적정한 선을 찾아 절충을 통해 갈등을 해결하려는 반응이다. 상호 이익과 상호 손해를 통해 타협이 이루어지지만, 이러한 반응이 최선의 선택인지는 의문이 든다. 타협적인 갈등해결은 적정선의 상호이익을 보장하지만, 역으로 볼 때 만족하는 사람이 아무도 없다는 점에서 회의적일 수도 있다. 협력형(collaborating)은 개인 간의 차이를 이해하고 토론과 협의를 통해 서로가 만족할 수 있는 최선의 길을 찾는 '태도'이다. 물론 언제나 협력형이 될 수는 없지만, 갈등에 대한 반응을 관찰하고 갈등전환의 길을 모색하며 서로 승리(win-win)의 길을 찾아가려는 태도를 익히는 것은 매우 중요한 과제이다.

갈등전환을 위한 국제모델 중에 회복적 서클(restorative circle)이 있다.[12] 이는 여러 모델들에 비해 현장적용이 쉬워서 '삶의 적정기술'이라고도 불린다. 회복적 서클은, 가해자에 대한 처벌이 피해자의 피해회복에 크게 기여하지 못한다는 이해 가운데, 가해자의 피해이해와 진심어린 사과 그리고 피해회복에 대한 노력을 통해 피해자의 피해회복 및 공동체 회복을 목표로 삼는다. 이러한 회복적 서클은 '서클'(circle)과 '회복적 정의'(restorative justice)[13] 개념에 기초하고 있다.

회복적 서클은 [사전 모임—본 모임—사후 모임]으로 구성되며, 사전 모임은 참여자들을 개별적으로 미리 만나서 본 대화모임의 목적과 자발적 참여의사를 확인한다. 무엇보다 화해나 조정, 타협을 위한 모임이 아니라 서로의 진심에 주목하고 자신의

12) 박성용, 『회복적 서클 가이드북』, 대장간, 2018.

13) Howard Zehr, *Changing Lenses: A New Focus for Crime and Justice*, Scottdale: Herald Press, 2005. 손진 옮김, 『회복적 정의란 무엇인가』, KAP, 2012.

진심을 전하는 것이 본 서클의 목적이다. 이러한 진심의 연결은 예상외의 회복을 가져다준다. 이때 회복이란 피해자의 피해회복과 함께 피해자와 가해자가 속한 공동체의 회복을 포함한다.

본 모임은 세 가지 질문으로 구성된다. 진행자는 이 질문을 하는 최소의 역할만 맡는다.

- 당시 사건이 지금 나에게 어떤 영향을 미치고 있는지
- 그때 나의 진심은 무엇이었는지
- 앞으로 어떤 것을 기대하는지

진행자에 의한 위의 질문을 듣고 참여자는 답을 통해 '누가 나의 무엇을 알아주기 바라는지'를 전달한다. 그리고 본 모임의 후반에는 앞으로 어떤 모습을 보기를 기대하는지, 그 기대를 이루기 위해 어떤 약속이 상호 간에 필요한지 확인하고 약속이행문을 작성하여 나누어 갖는다.

사후 모임은 작성한 약속이행문이 잘 이행되고 있는지 확인하는 과정이다. 비록 부족해도 서로 약속을 이행하려고 노력한 것에 대해 축하하고, 보완해야 할 부분을 확인하고, 필요하면 약속이행문을 수정 작성하여 나누어 갖는다.

실천의 공간 만들기

의사소통과 합의의 과정을 경험하고 그 가운데 갈등을 전환하는 절차와 과정은 사람들이 모이는 자리라면 어디나 언제든

지 필요한 기술이고 요청되는 태도이다. 이것은 매우 단순해 보이지만 서로의 진심에 다가가 존중과 환대의 문화를 만드는 평화형성(peace building)의 주요요소이다. 또한 이것은 우리사회를 민주적으로 만드는 데 크게 기여할 것이다. 그런 면에서 이러한 기술은 비폭력적 사회변혁의 기술이자 평화적인 삶을 위한 적정기술이라고 부를 수 있겠다.

이러한 대화모임과 갈등전환서클은 학교, 경찰서, 마을, 직장, 가정, 작은도서관 등 우리의 일상 어느 자리에서나 실행이 가능하다. 또한 그 규모도 3~4인에서부터 백 명 이상의 모임에서도 적용이 가능하다. 이 모임에서 다루는 의제 역시 매우 다양하다고 하겠다. 개인 간의 작은 갈등부터 도시의 큰 의제들까지 다양하게 접근할 수 있다. 예를 들면, 지역 폐기물매립장 건설과 마을환경오염, 터널공사와 생태축 파괴, 이주민 코로나 긴급지원금 지급여부 등 우리 생활의 의제를 갈등 당사자와 주민들이 함께 논의할 수 있다.

일상에서 안전한 대화공간을 구성하기 위해서는 먼저 진행자가 필요하다. 파커 파머는 안전한 공간을 만들어 내면의 진심을 듣도록 지원하는 방식을 아는 사람들이 신뢰서클(circle of trust)을 구성할 수 있다고 말한다.[14] 진행자는 촉진자(facilitator) 또는 주최자(host)라 불리기도 하는데 세밀한 역할은 차이가 있다. 촉진자는 대개 모임의 외부자로서 모임을 위해 일시적으로 투입되는 사람이며 보통 프로세스 밖에 머물며 과정과 의제, 결과

14) Parker J. Palmer, 앞의 책, 48~49쪽.

물, 목표 등을 전체적 관점에서 살핀다. 이에 비해 주최자는 회의과정 속에 들어가 있는 사람이다. 그는 대화모임을 열고 물리적 공간과 물품들을 준비하고 의자를 배치한다. 또한 모임의 약속을 상기시켜주며 일시적으로 모임진행에 대한 권위를 부여받는다. 물론 주최자가 참여자들에게 가르침을 주거나 해결책을 제시하는 피라미드식 삼각 형태로 가는 것은 아니다. 오히려 주최자는 대화모임이 '서클', 즉 힘의 분배를 유지하는 데 가장 많이 기여하는 역할을 해야 한다. 그런 점에서 호스트는 촉진자의 역할보다 더 통합적이다. 그리고 모임마다 호스트의 역할을 바꾸어 담당하는 과정을 통하여 공동의 리더십을 함께 연습하고 형성해가는 것 역시 공동체 형성과정에서 매우 중요하다.[15)]

진행자가 해야 할 중요한 역할은 특히 모임 초기에 모임을 안전한 공간으로 유지하기 위해 모임을 위한 약속을 정하는 것이다. 약속이 모임에서 왜 필요한지 확인하고, 안전한 공간을 위해 어떠한 약속들이 필요할지를 팝콘대화형식으로 제안하고 모두가 동의하는 방식으로 진행할 수 있다. 대부분의 모임들에서 중요하게 여기는 약속들로는 다음과 같은 것들이 있다.

- 다른 사람들을 환대하고, 존중하는 마음으로 경청한다.
- 주장 판단을 연기하고, 호기심 어린 탐구의 마음으로 열린 질문을 한다.
- 대화의 속도를 늦춘다. 필요시 침묵을 요청한다.
- 이 공간에서 나눈 이야기에 대해 비밀을 지킨다.

---

15) Christina Baldwin & Ann Linnea, 앞의 책, 54쪽·104~106쪽.

- 대화도구(talking piece)를 사용할 경우에는, 대화도구를 가진 사람이 말하고 다른 사람들은 귀를 기울인다.

진행자는 의제선정, 모임의 목표 등을 기획하고 그에 따라 참여자 선정, 날짜 확인, 예상소요시간 및 시간배분, 모임공간준비, 그리고 토의 후 합의 등에 대한 프로세스를 이해하고 설계해야 한다. 또한 후속 모임에 대해 구상하고 있다면 다음 모임에 대한 안내와 참여 독려가 필요하다. 이러한 과정을 위해 1인이 모든 역할을 하기보다는 기록자, 약속안내자 등 공동진행자의 역할로 구성원들을 초대하는 것이 좋다.

모임을 마친 후에는 전체 참여자 또한 일부 참여주최자들이 모임에 대한 성찰시간을 갖는 것이 매우 중요하다. 모임 성찰의 요소에는 모임에서 다룬 의제토의에 대한 결과물만이 아니라 참여자들이 참여하는 과정에서 촉발된 느낌, 공간에 대한 경험, 이 과정에서 깨달은 배움 등을 돌아본다. 이 과정은 모임을 성공·실패라는 단순평가를 넘어서서 공동의 배움의 과정으로 이끌게 하며, 이를 통해 참여자 공동의 책임과 힘의 분배 프로세스를 확인하고, 진행자는 과도한 책임감이나 문제해결 부담감에서 벗어나게 된다.

일상에서 안전한 공간을 만드는 평화실천은 세밀한 주의와 이해가 필요하고 지속적인 연습이 요청되지만, 그 출발 자체는 그렇게 어렵지 않다. 몇 가지 개념과 약간의 기술을 익힌다면 누구나 일상에서 안전한 공간을 만들고 대화모임을 시작할 수 있다. 그래서 이것은 삶을 평화롭게 가꾸는 '적정기술'이라 하겠다. 이는 자동차운전 정도의 지식과 기술을 익히면 누구나 자신이 살아가는 자리에서 대화모임 공론장을 제안하고 안전한 공간을 만들어갈 수 있음을 의미한다. 모두가 전문가가 될 필요는 없다. 오히려 일상의 작은 진심과 힘들이 모여서 민주주의를 경험하며 평화의 길을 걷게 할 것이다. 우리의 삶에 매우 미세하게 영향을 미치는 힘의 작동방식을 이해하고 민주적 힘의 분배를 통해 새로운 배치가 이루어지는 안전한 공간을 구성하는 것, 공통의 토대와 차이를 발견하는 진심 어린 의사소통을 연습하는 것, 합의의 기술과 갈등전환을 경험하는 평화실천은 우리의 삶과 일상과 사회에 평화문화를 이루는 데(peacebuilding) 기여할 것이다.

■ 참고자료

박성용, 『회복적 서클 가이드북』, 대장간, 2018.

서보혁·정주진, 『평화운동-이론·역사·영역』, 진인진, 2018.

Baldwin, Christina. & Linnea, Ann. *The Circle Way : A Leader in Every Chair*, Berrett-Koehler, 2010. 봉현철 옮김, 『서클의 힘』, 초록비책공방, 2017.

Boyes-Watson, Carolyn. & Pranis, Kay. *Heart of Hope Resource Guide*, St.Paul: Living Justice Press, 2010, 서정아 외 옮김, 『서클로 여는 희망』, 대장간, 2020.

Galtung, Johan. *Peace by Peaceful Means*, London: Sage, 1996. 강종일 외 옮김, 『평화적 수단에 의한 평화』, 들녘, 2000.

Kaner, Sam. *Facilitator's Guide to Participatory Decision-Making,* John Wiley & Sons Inc., 2014. 구기옥 옮김, 『민주적 결정방법론』,

쿠퍼북스, 2017.

Palmer, Parker J. *A Hidden Wholeness : The Journey Toward an Undivided Life*, John Wiley & Sons, Inc., 2004. 김지수 옮김, 『다시 집으로 가는 길』, 한언, 2014.

Rosenberg, Marshall B. *Nonviolent Communication : A Language of Life*, Puddle Dancer Pr., 2003. 캐서린 한 옮김, 『비폭력대화』, 한국NVC센터, 2011.

Zehr, Howard. *Changing Lenses: A New Focus for Crime and Justice*, Scottdale: Herald Press, 2005. 손진 옮김, 『회복적 정의란 무엇인가』, KAP, 2012.

일상에서 평화를 사유하는 일에 대하여

문 아 영
(피스모모 대표)

내가 기억하는 엄마의 책장에는 손을 타 낡아진 표지의 '모모'라는 소설이 꽂혀있었다. 넝마를 입은 꼬마의 뒷모습과 그 곁의 거북이. 언제가 처음이었는지는 정확히 기억나지 않지만 미하엘 엔데의 '모모'는 내게 익숙하고 또 친숙한 이름이었다. 튀빙엔의 작고 다정한 서점에서 나는 엄마의 그 '모모'를 다시 만나게 되었다.

'모모'라는 소설은 모모라는 아이가 한 마을 어귀의 원형극장에 갑자기 나타나면서 시작된다. 어디서 왔는지, 몇 살인지도 알 수 없는 이 아이를 챙겨주기 시작한 마을 사람들은 하나둘, 어느샌가 모모를 찾아와 이야기를 나누는 일이 일상의 일부가 되었고 고민이 있는 누군가에게 '모모를 찾아가 보지 그래?'라는 말을 건네는 것이 자연스러운 인사가 되었다.

그런데 어느 날부터인가 모모를 찾아오던 모든 사람들의 발걸음이 뚝 끊어진다. 심심해하던 모모는 마을 사람들을 찾아 나서게 되는데 표정이 사라진 마을 사람들은 저마다 너무나 바빠

모모에게는 눈길조차 주지 않았다. 마을 사람들은 시간저축은행에서 나온 회색신사들이 '지금 시간을 저축하면 은퇴 후에 돌려준다'는 이야기를 듣고 각자가 낭비하고 있는 시간들을 계좌에 저축하기 시작했던 것이었다.

그러다 보니 웃으며 잡담하는 시간, 서로의 안부를 나누는 시간, 그냥 아무것도 안 하는 시간 같은 것은 사라져버렸다. 모모와 만날 수 있는 시간도 마찬가지였다. 친구들이 사라진 모모는 그 시간들이 대체 어디로 사라졌는지 너무나 궁금했다. 그래서 사라진 시간을 찾아 여행을 떠나게 된다. 그리고 마침내 회색신사들의 방해를 뚫고 시간저축은행의 금고를 털어 사라진 시간들을 되찾아 온다는 것이 미하엘 엔데의 이야기, 모모의 줄거리이다.

나는 모모의 마을이 우리가 살고 있는 한국사회와 많이 닮아 있다고 느꼈다. 발걸음을 재촉하느라 스치듯 지나치게 되는 순간들 속에 잃어버리는 관계, 사람, 돌보지 못한 상처, 버려진 마음들이 수북하게 쌓여가고 있는 지금-여기의 삶은 과연 모모의 마을과 다를까? "돌아보고 돌볼 시간"을 되찾지 못하면 평화라는 것은 우리와 영원히 먼 이야기가 되지 않을까? 그렇다면 평화가 우리와 먼 이야기, 그저 사변적인 어떤 것에 그치는 것이 아니라 일상을 통해 경험되고 구체적인 실천을 통해 사유될 수 있는 나의 이야기가 되기 위해서 과연 무엇을 해야 하는 것일까?

구체적이고 실천적인 사유의 경험은 어떻게 가능해질까? 또한 사회의 어떤 지점을 통해서 실천적 사유는 확장될 수 있을까? 생각하지 않으며 살다가는 사는 대로 생각하게 된다는 말은 심심치 않게 인용되지만 사는 대로 생각하게 되는 것에 대한 공포조차 느끼지 못하도록 만드는 것이 우리가 경험하고 있는 교육은 아닐까? 생각하지 못하게 하는 교육, 아니 이미 정해진 지식을 주입하고 그에 따라서만 생각하도록 프로그래밍하는 교육으로부터 어떻게 도망칠 수 있을까?

이런 생각들 속에서 2012년 피스모모라는 평화교육 단체를 창립하게 되었다. 모모에는 두 가지 의미가 담겼다. 첫 번째 의미는 모두가 모두로부터 배운다, 두 번째 의미는 미하엘 엔데의 소설 모모의 의미였다. 어떻게 하면, 분주한 일상 속에서 쪼개져버린 시간들, 잃어버린 시간들을 되찾아 올 수 있다면 폭력적인 사회가 조금은 달라질 수 있지 않을까?

피스모모를 설립한 이후, 만나는 분들께 평화교육이라는 것을 주제로 활동한다고 말씀드리면 대개 눈을 조금 크게 뜨셨다가 이내 이해했다는 듯 "아, 좋은 일 하시네요!"라거나 고개를 약간 갸우뚱하시며 "평화도 교육을 해요? 별걸 다 교육을 하네! 허허!" 하시고는 했다. 흔히들 '평화'라고 하면 비둘기를 떠올리거나 전쟁과 테러, 통일을 생각하시는 경우가 많았고 특히 분단 상태의 한반도에서 '평화'라는 단어는 '통일' 또는 '분단'의 문제와 연결될 수밖에 없었기 때문에 자연스럽게 내가 통일운동을 한다고 생각하시는 분도 많았다.

평화는 무엇일까? 교육프로그램을 통해 만나는 많은 분들께 평화라는 말을 들으면 무엇이 가장 먼저 생각나시느냐고 물으면 열에 여덟, 아홉은 비둘기를 떠올렸다. 그렇다면 비둘기는 어쩌다 평화의 상징이 되었을까? 가장 유력한 설을 두 가지 정도로 보는데 첫 번째는 비둘기가 전쟁 중에 소식을 전하는 파발꾼의 역할을 담당했고, 전쟁이 끝났다는 종전의 소식도 가장 처음으로 알려주었기 때문에 평화의 상징이 되었다는 설이며, 두 번째는 성경 창세기에 나오는 노아의 방주에서 유래했다는 설이다. 대홍수의 재앙이 계속되던 때, 노아가 방주에서 날려 보냈던 새가 비둘기였는데, 세 번째 날려 보낸 새가 나무 이파리를 입에 물고 돌아왔고, 비로소 홍수가 끝났다는 것을 알게 되었다는 이야기다. 이렇게 비둘기는 전쟁의 끝, 재앙의 끝을 알려주어 평화의 상징이 된 것으로 전해진다.

질문이 생겼다. 이때의 비둘기는 어떤 비둘기일까? 구글에서 '평화'라는 단어로 이미지 검색을 하면 수많은 새하얀 비둘기들을 만날 수 있다. 두 번째 질문이 생긴다. 평화를 상징하는 순백색의 비둘기, 어째서 새하얀 비둘기여야 할까? 하얀색 옷을 입어본 사람이라면 누구나 공감할 것이다. 그 하얀색이 얼마나 때를 쉽게 타는지, 빛이 바래는 흰색을 지키기 위해 표백제를 쓰거나 삶거나 우린 다양한 방법을 사용하고 있지 않은가. 이렇듯 일상에서 순백색을 유지한다는 것은 참으로 어렵다. 나는 평화가 순백색으로 표상되는 것이 과연 괜찮은가 세 번째 질문을 마주하게 되었다.

출퇴근길, 산책길에서 마주치는 비둘기들이 눈부시게 하얀 일은 거의 경험하기 힘든 일이며, 비둘기는 만난다고 해도 그렇게 반갑지 않은 존재가 된 지 오래다. 먹이도 주어서는 안 되는 유해동물이 되었고, 먹이를 주다가 적발되면 벌금을 내야 하기도 한다. 듣기에 어느 도시의 고가도로 아래 비둘기들이 너무

많아서 비둘기가 바깥으로 나오지 못하게 철망을 쳤단다. 비둘기들은 그 철망을 빠져나오기 위해 안간힘을 쓰지만 역부족이고 무리해서 몸을 밀어넣다 끼어버린 비둘기들은 거기 끼인 채로 죽어간다고 했다.

일상 속 비둘기들의 삶은 처참하다. 쓰레기통을 뒤지고 인간들에게는 쫓겨나기 일쑤이며 죽기까지 도시로부터 배제된다. 먹거리를 찾다가, 인간들이 만든 구조물들에 발목 아래가 절단되거나 발가락이 잘려있기 일쑤, 절뚝거리는 비둘기를 만나는 일은 결코 어렵지 않다. 도시에서 꾸역꾸역 삶을 이어나가는 비둘기는 실상 소외되고 아무도 환대하지 않는 존재, 아니 혐오받는 존재가 된 지 이미 오래되었다.

우리를 불편하게 하는 존재가 평화의 상징이 된다면 평화의 의미는 어떻게 달라질까? 그 세계는 선망하는 대상이, 현실에 존재하지 않는 이상이 평화의 상징이자 의미인 세계와는 완전히 다를 것이다. 불편하게 하는 존재, 혐오의 대상이 되는 존재, 외면하고 싶은 존재를 마주할 때마다 평화에 대해 생각할 수 있다면 이 세계는 어떻게 달라질까.

몇 년 전, 어린 시절 가족과 함께 타이완으로 이주했던 한 수녀님을 만난 적이 있다. 수녀님은 자신의 어릴 적 이야기를 들려주셨다. 의사였던 아버지가 공산당 소년병이 복부에 총상을 입고 병원에 찾아와 그를 치료해주었다는 이야기를 듣고 아버지께 물어봤다고 했다. 수술하면서 공산당의 뱃속을 열어보았느냐고 뱃속의 살이 새까만 색깔이었느냐고.

적으로 규정된 존재는 순백색일 수가 없다. 더 이상 순수하지도, 순결하지도 않다. 일상 속에서 평화를 사유하는 일은 동일성의 반복을 멈추는 데서 시작된다. 익숙하지 않은 것, 알고 싶지 않은 것, 가지고 싶지 않은 것, 불편한 그것을 마주하는 그 순간, 그 순간의 낯설음은 우리가 평화라고 믿는 잔잔한 상태를 무너뜨린다. 평화를 사유하기 위해 평화가 깨져야 하는 현실의 아이러니, 일상에서 평화를 사유한다는 것은 그런 면에서 매우 비일상적인 일이기도 한 것이다.

타이완 수녀님의 일화는 타이완에만 국한된 경험이 아니다. 한국 사회는 긴 시간 빨갱이 담론에 젖어왔다. 5.18이 "빨갱이 북한군의 소행"이라는 거짓 뉴스로 민주화 운동의 진상이 왜곡되었고, 지난 박근혜 정권에서 국정원 특수활동비를 통해 양성한 것으로 추정되는 일베들은 5.18을 빨갱이 소행이라 주장했다. 4.16 세월호 참사의 진상규명을 요구하던 유가족들 역시 "빨갱이" 라벨을 피해 가지 못했으며 한국 사회에서 "빨갱이" 담론은 팩트와는 무관하게 지속적으로 확대 재생산되는 패턴이 되어버렸다.

빨갱이 담론은 간첩이나 거동수상자 색출이라는 국정원의 대국민 메시지와 더불어 반공/안보/사상교육을 통해서 전달 및 강화되어왔으며 북한을 타자로, 적으로 규정하는 사회적 메시지는 '이데올로기'라는 이름으로 포장되어 분단이 지속되도록 하는 힘이자 토양이 되어온 것이다.

2014년 7월, 서울 강동구의 한 초등학교에서 진행된 나라사랑교육 중에 강사로 왔던 장교가 교육 중 상영한 동영상이 큰 문제가 되었다. 안보의 필요성을 이야기하는 과정에서 북한에서 일어난다는 고문 동영상을 참여자들에게 보여준 것인데 당시 교육을 받던 초등학교 5학년 학생들 중 몇 명의 여학생이 무섭고 끔찍해서 보기 힘들다고 교육장을 빠져나가 교사가 비디오 상영을 중지시킨 것이 사건의 요지다.

나라사랑교육이 담고 있는 메시지는 명료하다. 나라를 사랑하는 것은 국가의 안보를 지키는 일이며 국가안보는 강한 국방력과 투철한 안보의식으로 뒷받침될 수 있다는 것이다. 이를 위해 동원되는 메시지들은 한국전쟁 이후 90년대 중반까지 진행된 안보교육과 크게 다르지 않았다. 2017년 7월, 국가보훈처의 나라사랑교육부서가 폐지되었다. 하지만 "나라사랑"이라는 말에 담겨있는 군국주의는 한국 사회에서 충분히 다루어지지 못했고 토론의 공간 역시 열리지 않았다.

적을 상정하는 교육은 '불안'과 '불확실성'을 자극한다. 그리고 그 불안을 해결하기 위해 힘을 갖출 것을 주문한다. 이렇게 자리잡은 불안의 상상력은 불확실한 것들을 조금 더 확실하고 통제 가능한 범위에 두기 위한 힘에 의한 평화를 정당화하고, 우열관계가 분명한 서열문화를 인정하게 하며, 무력에 의한 안전보장이 당연한 것처럼 믿게 만든다. 우리를 지키기 위한 무장은 불가피하고 적보다 더 큰 힘을 확보하는 것이 유일한 방법인 것처럼 사회의 서사가 구성되어 온 것이다.

로마의 베게티우스 장군이라는 사람은 "평화를 원한다면 전쟁을 준비하라"고 말했다. 이 말은 여전히 진리처럼 회자된다. 하지만 세계의 역사는 명징한 결과를 보여준다. 전쟁을 준비하면 전쟁이 찾아온다. 기후위기와 코로나19로 전 인류가 공동의 위기를 마주하고 있는 이 상황에서 '적'은 누구일까? 바이러스를 막지 못하는 이 세계에서 무기를 통해 평화를 지킬 수 있다고 생각하는 것은 과연 합리적일까?

코로나19 팬데믹 속에서 나는 확진자에 대한 낙인이 역병처럼 창궐하는 것을 바라보게 된다. 고통스러운 병을 겪고 후유증을 끌어안은 채 일상으로 돌아온 확진자들을 바이러스 보듯 바라보는 사회, 위로의 언어보다는 비난과 책망의 언어가 가득한 사회. 감염의 책임을 개인에게 씌우고 사회적 낙인을 추동하는 미디어의 행태는 사람들의 불안을 타고 혐오와 배제의 바이러스를 퍼뜨린다.

> **유럽 개혁센터의 연구책임자 헤더 그라베**
> "독일인은 폴란드인을 비난하고, 폴란드인은 우크라이나 인을 비난하고, 우크라이나인은 키르기스인과 우즈베크인을 비난한다."

홀로코스트 기간 동안, 나치 독일은 인종적으로 열등하다고 믿어지는 모든 존재들을 말살하고자 했다. 유대인뿐만 아니라 로마족(집시), 장애인과 슬라브계의 타민족들도 예외는 아니었다. 뿐만 아니라 사회주의자와 공산주의자들, 동성애자와 여호와의 증인들도 말살해야 할 대상에 포함되었다. 나치 독일 당시 이러한 학살을 담당했던 독일인들은 '민족의 우월한 혈통 유지를 위해 필요한 행동'을 한 것이며, 그 행동을 통해 다수인 '우리'를 보호했다는 이유로 죄책감은 삭제되었다. '우리'라는 정체성이 무엇으로 구성되는지에 대한 질문은 은폐되고 '그들'이 '우리'가 아닌 이유는 쉽게 확산되었다.

> **리처드 세넷, 도시의 삶과 개인의 정체성**
> "비슷하게 되고자 하는 욕망을 표현하는 '우리'라는 감정은 타인을 더 깊이 들여다 볼 필요를 회피하는 방법이다. 공동체의 일관된 이미지를 형성하는 과정에 선천적으로 존재하는 것은, 실제 참여를 회피하고자 하는 욕망이다. 공동의 경험 없이 공동의 유대를 느끼는 것은 애초에 사람들이 참여, 참여의 위험과 도전, 참여의 고통을 두려워하기 때문이다."

불확실하고 불편한 타자를 포함하기보다는 확실하고 안전한 우리를 중심으로 한 공동체를 확정하고자 하는 욕구는 타자를 배제하기 유리한 조건을 기반으로 '우리'의 정체성을 확정했다. 나치 독일은 유태인들을 '돼지'라 불렀으며 르완다의 후투족은 투치족들을 '바퀴벌레'라고 부르는 등 '그들'을 '우리'보다 열등한 존재로 호명함으로써 어쩌면 '우리'와 같은 존재인지도 모른다는 불편함을 해소하고자 했던 것이다.

이것은 '우리' 바깥의 존재에게만 행해지지 않았다. '우리'라고 믿어졌던 공동체도 특정한 이념이 덧입혀지면 언제든지 '그들'로 방출될 수 있었다. 현대사회의 '섞이는 데 대한 공포(mixphobia)'는 이방인이라는 불확실한 것, 예측 불가능한 위험한 것에 대한 우리의 두려움을 배출하는 간편한 출구를 제공했다. 불편함을 외면하는 평화, 현실세계의 고단함이 묻어 있지 않은 평화, 현실과 뒤엉키지 않고 저기 어딘가 높은 곳에서 성스럽게 존재하는 평화는 온갖 갈등과 상처로 뒤엉킨 이 세계에서 과연 어떤 의미가 될 수 있는가? 오우삼 감독의 영화나 마술쇼에서나 볼 수 있는 순백색의 비둘기는 평화의 상징으로 여전히 적합한가?

동네를 산책하다가 쑥뜸으로 '우한 코로나 바이러스'에 대응할 수 있다는 광고를 보았다. 세계보건기구(WHO)가 지난 2020년 2월 11일, "코로나19(Covid-19)"라는 공식명칭을 확정했음에도 불구하고 지금은 사라진 "미래통합당"의 황교안 전 대표는 "우한 코로나"로 부르기를 고수했다. 조선일보 역시 "우한 폐렴"이라 칭하다 "우한 코로나"라는 명칭으로 변경했을 뿐 선거기간 내내 "우한"이라는 지역명을 결코 포기하지 않았다.

2015년 세계보건기구는 특정 지역, 동물, 개인, 집단을 병명에 사용하지 않도록 하는 가이드라인을 발표했다. 나는 이와 같은 가이드라인이 생겨나게 된 이유가 미래통합당의 황교안 전 대표와 조선일보가 선거기간 내내 특정 지역명을 포기하지 못한 까닭과 만난다고 생각한다. 특정하여 원망할 수 있는 대상을 두는 편이 현 정권을 공격하고 야당 지지를 호소할 수 있는 프로파간다로 적절하다는 판단이었으리라. 이는 역시 원망하고 책망할 수 있는 특정 집단, 즉 '적'을 만들어두는 편이 '우리'를 공고히 하는 데 유리하다는 판단이기도 하다.

발병원인도, 치료법도, 예방법도 알 수 없는 전염병 앞에서 어떤 사람들은 매우 쉬운 선택을 한다. 불확실성을 인정하고 막막한 시간을 견디기보다는 손쉬운 표적을 상정하고 그 표적을 공격하는 것이다. 캐나다 밴쿠버에서는 92세의 아시아계 노인을 길거리에 내동댕이치는 사건이 일어났으며 영국 런던에서는 길을 지나던 20대의 싱가포르 유학생에게 '코로나 바이러스'라고 부르고 이에 반발하자 폭행하는 사건도 발생했다. 아시아인들은 마스크를 썼다는 이유로 폭행당하고 또 마스크를 쓰지 않았다고 폭행당하는 혐오와 차별에 기반한 폭력의 바이러스는 코로나19의 확산세만큼이나 빠르게 번지고 있다.

그럼 한국의 인종차별은 어떠한가? 같은 아시아인이라 괜찮을까? 천만의 말씀이다. 서구 사회에서 목격되는 아시아인에 대한 혐오가 한국의 국경을 넘으면 중국인과 조선족이라 불리는 재중동포에 대한 차별로 더 구체화되고 세분화된다. 한국뿐인가? 중국 사회 내부에서 우한 출신 사람들에게 가해지는 차별적인 대우, 중국 바깥에서 중국 사람에게 가해지는 차별과 혐오, 유사 중국인으로 여겨지는 아시아인에 대한 혐오는 국경을 넘나들며 확대·재생산되어왔다.

외부의 적을 특정하는 방식으로 나와 우리의 안전을 확보하는 자국, 자민족 중심주의는 외부의 적으로 규정되는 사람들을 비인간화(dehumanization)하고 악마화(demonization)한다. 그들이 우리와 다른 이유를 찾아 혐오하고 차별하고 배제해야 하는 근거를 마련해야 하기 때문이다. 아빠에게 공산당의 뱃속이 까만색이었는지 물었던 그 소녀의 상상력은 과거에 머물러 있지 않다.

공산당과 까만색의 조합, 이는 장 폴 미라 파리 코친병원 중환자실장과 카미유 로슈 프랑스 국립보건의학연구소의 연구부장이 한 프랑스 방송에서 '결핵 백신(BCG)이 코로나19에 효과가 있는지 아프리카인을 대상으로 임상실험을 하자'고 말할 수 있었던 이유이기도 하다. 자국 중심, 우리라는 공동체, 동질집단 중심으로 이익을 설정하고 나면 그들이 우리가 아니어야 하는 이유는 끝없이 만들어 낼 수 있다. 이렇게 눈앞에 보이는 쉬운 표적을 상정하고 그 표적에 대한 혐오를 부추기는 행위는 새롭지 않다. '우리'의 권리를 위하여 '그들'의 권리를 희생시켜온 것은 인류의 역사 속에 여전히 현재진행형이기 때문이다.

평화학이라는 학문 분야에서 평화는 소극적 평화(Negative peace)와 적극적 평화(Positive peace)로 분류된다. 소극적 평화는 직접적이고 물리적인 폭력(Direct violence)에 대응하는 개념이고 적극적 평화는 명시적으로 드러나지는 않지만 분명히 존재하는 구조적인 폭력(Structural violence)에 대응하는 개념으로 쓰이고 있다. 전통적인 관점에서 폭력은 직접적인 가해 행위 또는 힘을 의미했으나 점차적으로 직접적인 폭력이 가능하도록 하는 구조, 눈에 잘 보이지 않지만 분명히 존재하는 비가시적이고 간접적인 폭력의 문제, 즉 불평등하고 구조화된 권력관계를 통해 직접적 폭력이 어떻게 재생산되는가에 주목하게 되었으며 현실에서 구체적으로 발생하는 불평등의 문제는 평화의 핵심에 놓여 있다고 할 수 있다.

평화라는 것에 있어서 중요한 감각은 내가 혹시 다른 사람의 권력을 빼앗고 있지는 않은지 예민하게 돌아보는 감수성이다. 권력이라는 말은 자주 거대한 이미지로 정치권력, 경제권력과 같이 사회의 위계적 구조에서 상위에 놓인 특정 집단을 칭하는 말처럼 쓰이지만 실상 권력이라는 단어의 다른 이름은 '힘(Power)'이다. 그러므로 이 세상에 힘이 전혀 없는 사람은 없고 실상 '권력'은 모두에게 있다.

민주주의의 핵심 원리는 그렇게 모두에게 있는 권력을 인정하는 데 있으며 '평화'의 문제는 '민주주의'와 떼어놓고는 생각할 수 없고 '민주주의'의 핵심은 구성원 모두의 권리와 권력이 동등하게 인정되는 것에 있다. 같은 맥락에서 '평화감수성'의 관점에서 일상을 돌아본다면 우리가 가져야 할 핵심 질문은 "나의 일상 안에서 불평등한 권력관계가 발생하고 있는가?"가 될 것이다.

시작하며 이야기했었던 시간저축은행의 회색신사들은 사람들에게 경련하는 듯한 노동의 시간[1]만을 남겨두었고 지금, 여기에서의 우리의 삶은 회색신사들에게 시간을 저당잡힌 마을 사람들의 삶과 크게 다르지 않다. 존재의 존엄이 더 이상 우리를 머뭇거리게 하는 이유가 되지 않는 사회가 되어버렸지 않았는가.

나이와 학벌을 떠나 각자 개별의 고유한 삶을 사는 모든 존재들에게는 그 삶의 고유하고 특별한 역사성이 있으며 그 고유성과 역사성은 충분히 존중받아야 한다. 누구도 다른 누구의 삶을 대신 살 수 없기에 몹시 특수하고 개별적일 수밖에 없는 개인적 삶의 경험이 다른 이들에게 나누어질 때 서로배움이 일어나고 그 서로배움은 불평등한 권력관계로 점철된 사회, 인적자원으로 환원되어버린 한 사람, 한 사람의 신비로운 존재감을 회복할 수 있는 중요한 출발이 되리라고 생각한다.

도미야마 이치로라고 하는 일본의 연구자는 폭력의 예감이라

1) 한병철, 시간의 향기.

는 책에서 평화는 결기하지 않는 자들을 통해서, 전쟁이 두렵고 사람을 죽이는 것이 무섭다고 말하며 전쟁으로부터 도망치는 겁쟁이들로부터 올 것이라고 말한다. 전쟁이 일어날 것에 대비해 휘날리는 깃발 아래 모여 목숨을 걸고 싸울 것을 결기한다. 그렇게 수많은 존재들이 국가의 깃발아래 목숨을 잃었고 결국 그 결기와 더불어 누군가의 목숨같이 소중한 존재들이 전장에서 사라져 왔다. 이것은 지금도 반복되고 있는 현재진행형의 역사이다.

"느끼는 모두에게 자유를!" 내가 후원하는 한 동물권 단체의 슬로건이다. 인간을 중심으로 구성된 '우리'라는 공동체가 생태계 안에서 얼마나 끔찍한 독재를 행해왔는지에 대한 사유, 생태계가 받아온 고통에 대한 비판적 성찰 없이 '인권'을 이야기할 수 있을까? 모든 것이 인간 중심으로 설계되어 인간 외의 생명체는 모두 자원이자 소비재로 규정되어 온 현대사회에서 인간 외의 생명에 대한 끔찍한 착취와 폭력적인 억압은 코로나19가 나타나게 된 근본적인 원인이라고 전문가들이 입을 모아 이야기하고 있지 않은가?

나는 인권의 보편적 실현을 위해서는 지금, 여기의 인권 논의가 인권을 넘어서야 한다고 생각한다. 생명을 소비의 대상으로 삼는 지금 여기의 가치관이 달라지지 않고서는 더 나은 인권에 대해 이야기하기 어렵다. 인간은 홀로 존재하지 않고 모든 생명들에 기대어 함께 존재하기 때문이다. 따라서 나는 코로나19 이후의 세계가 권리에 대한 새로운 감각과 합의에 도달하기를 희망한다. 권리가 인간을 중심으로만 사유되지 않고 이 지구에서 함께 살아가는 다양한 생명체들을 포함하는 개념으로 사유될 때, 그렇게 공존이라는 감각이 모두의 것이 될 때에야 인간의 존엄과 그 권리가 비로소 가능해지지 않겠는가?

번쩍이는 무기, 새로이 개발된 기술이 장착된 전투기는 평화를 금세 눈앞에 데려다 놓을 듯 선명하다. 그러나 무기로 평화가 왔다면 한반도는 세상에서 가장 평화로운 나라가 되었어도 진즉에 되었어야 마땅하지 않은가? 하지만 무기를 사면 살수록 모두는 더욱 불안해지는 아이러니, 이제는 이 비효율적인 관계를 알아차려야 할 때도 되지 않았을까.

평화의 상징이 여전히 비둘기라고 한다면, 나는 눈부시게 하얀 순백색의 비둘기가 아니라 길에서 흔히 마주칠 수 있는 꼬질꼬질한 비둘기였으면 좋겠다고 생각한다. 평화를 일상에서 경험하기를 원한다면 잔잔한 숲속의 평화, 고요한 호숫가의 평화가 아니라 매일같이 견뎌내고 또 살아내야만 하는 갈등과 불안, 불확실성의 한 가운데 오묘하게 깃들인 그 평화를 알아차릴 수 있는 감각이 우리에게 필요한 것 아닐까?

일상의 비폭력 ; 갈등전환과 공동체 자기돌봄 프로세스 회복적 서클(Restorative Circles)

김 석 봉
(비폭력평화물결)

같은 일을 반복하면서도 다른 결과를 기대하는 것은 미친 짓(insanity)이다. (알버트 아인슈타인)

공방의 아빠들 갈등이야기

아빠들 몇몇이 모여 운영하는 공방에서 도움을 달라는 요청을 받았다. 시간이 지나면서 점점 힘들어지는 관계 때문이었다. 매주 금요일 오후 3시간 정도 관계회복을 위한 프로그램을 진행하기로 하고, 첫째 주에는 한 분씩 차례대로 개별 만남을 진행하였다. 현재 어떤 상황인지, 그동안 공방에서의 경험 중에서 유의미한 것들, 그리고 어떤 어려움이 있는지, 왜 그렇게 생각하는지, 앞으로 어떤 관계가 되기를 기대하는지 등의 질문으로 이야기를 나누었다.

개별 만남을 통해 확인한 것은 공방은 소중한 공간이며 공방에서 일하는 시간이 기다려지고, 공방이 계속해서 운영되면 좋겠다는 공통된 마음이었다. 그렇기에 현재 겪고 있는 어려움을 해결하고 싶다고 하였다. 그래서 각자가 생각하는 원인들에 대해 이야기하였고, 문제를 일으키는 몇 가지 잘못된 행동들과 말들을 바꿔서 그 원인들이 제거되면 좀 더 편안하게 공방에서 함께 일할 수 있겠다고 말하였다.

모두 함께 모여 공방이 안고 있는 문제를 이야기 나눌 수 있겠다고 하여 두 번째 주부터 전체대화모임이 시작되었다. 공방에서 경험한 것들 중 나에게 유의미하게 남아 있는 것들이 무엇인지 먼저 이야기 나누며 대화 공간을 열었다. 그리고 현재 겪고 있는 갈등이 이상적으로 잘 해결된다면 어떤 모습이 펼쳐질 것 같은지 함께 상상해 보았다.

마음이 편해지고, 미소 띤 얼굴로 서로 인사 나누고, 상대방의 말을 이해하고 소통이 잘되는, 그래서 큰소리가 나지 않는, 모른 체하지 않고 협력하여 일하는, 작업장이 즐거운 공간이 되는 상상을 나누었다.

그런데 왜 우리는 상상하는 곳으로 가지 못하고 현재 어려움을 겪고 있는지 이야기 나누었다. 무엇이 우리가 가고자 하는 길을 방해하는 것들인지 찾아보았다. 작업은 쉽지 않았다. 서로가 상대방의 태도와 일하는 방식이 문제라고 지적하고, 중간에 상대의 말을 자르고 개입하거나, 아니면 계속해서 침묵으로 방관하였다. 쉬는 시간을 갖고 다시 모여 계속해서 이야기를 나누었다.

마지막으로 방해하는 것들로부터 떠나서 우리가 상상하는 이상적인 문제해결이 이루어진 미래로 가기 위해, 무엇이 필요한지 찾아보았다. 상호이해, 책임과 존중, 배려, 공감, 여유와 인내, 용기, 부드러운 말투, 대화와 경청, 역지사지 등 다양한 것들을 찾을 수 있었다. 아빠들은 이것들이 있으면 원하는 미래로 나갈 수 있겠다고 희망을 발견했다. 그런데 왜 우리는 알고 있는 것을 실천할 수 없었는지 다시 한 번 더 이야기 나누었다. 그리고 다음 주 일정을 확인하고 모임을 마무리하였다.

세 번째 주에 다시 만났으나 관계는 나아지지 않았다. 처음 이야기를 시작할 때는 차분했지만, 이야기가 진행될수록 상대를 향한 비난과 평가, 조언과 지적이 난무하였고, 더 이상의 이야기를 진행하기가 어려웠다. 서로가 실천할 수 있는 것들을 발견하고 희망에 찼던 것은 지난주의 일이었다. 잠시 쉬고 돌아와 지금 이 순간 우리에게 필요한 것이 무엇인지 이야기를 나누었다. 대화할 때 대화규칙이 필요하다는 것을 확인하고, 다음과 같이 약속하였다.

1. 목소리를 낮추고 경청하자. 서로 나눈 이야기가 잘 전달되었는지 확인한다.
2. 이야기를 끝까지 듣는다.
3. 끼어들지 않는다.
4. 상대방을 배려하고 이해하는 마음으로 상대방의 이야기 속에서 말하는 사람의 느낌과 욕구를 찾는다.

5. 공동의 목표/책임의식을 가지고, 서로의 의견을 수용하는 자세를 갖는다.
6. 나의 이야기를 한다. 나는 ○○○이다.
7. 평가하거나 판단, 비난하지 않는다.

아빠들은 다음에는 이 규칙으로 좀 더 많은 이야기를 나눌 수 있을 것이라고 다짐하며 기대하였다.

네 번째 대화모임이 시작되었고, 지난주보다는 많은 이야기를 나누었다. 회복적 질문에 서로 말하고, 반영하는 방식의 회복적 서클프로세스가 본격적으로 시작되었다. 다섯째 주는 다시 대화규칙을 확인해야 할 상황이 있기는 했지만 그래도 계속해서 이야기를 나눌 수 있게 되어, 아빠들 스스로 지속적으로 이어나가는 것이 중요하겠다고 약속하고, 대화모임을 이어가기로 하였다.

이 사례를 포함한 대부분의 갈등사례를 다루는 과정에서 발견하는 것은, 당사자들은 대부분 갈등이 잘 해결된, 가고 싶은 즐거운 공간과 함께 일하고 싶은 사람들을 원했고, 우리가 원하는 방향을 향해 나아가려면 무엇이 필요한지도 찾아냈지만(이것은 권위 있는 전문가가 가르쳐준 해답이 아닌, 참여자들이 발견한, 상호이해, 책임과 존중, 배려, 공감, 여유와 인내, 용기, 부드러운 말투, 대화와 경청, 역지사지 등이다), 이것들이 갈등의 순간 제대로 작동하지 않았다는 것이다.

왜, 알고 있는 것이 작동하지 않을까? 갈등의 폭풍우가 몰아치는 속에서 위에서 발견한 것이 과연 실제로 존재할까? 예컨대 갈등 속에서 서로 역지사지 할 수 있을까? 질문해 본다. 알고 있는 것이 아닌 생생히 살아 있어서 작동하는 것으로 경험될 필요가 있었다.

내 이야기를 먼저 들어주기를, 이해해 주기를, 존중 받기를 바란다면서, 상대방에게 이렇게 해야만 한다고 주장만 한다. 서로가 주장만 하다가 받아들여지지 않으면, 곧 판단한다. 이러한 판단 속에서는 주장만 있을 뿐 소통되지 않고, 대화를 원했지만 대화는 불가능하다. '~ 받아 마땅하다'는 판단과 생각에 지배당한다. 우리의 삶에서 지금 일어나고 있는 수많은 폭력들은 우리의 본성 때문이 아니라 우리가 받은 교육에서 서로에 대한 도덕적인 판단을 기준으로 생각하도록 학습 받은 것 때문이다. 우리의 의식 속에는 옳다, 그르다, 좋다, 나쁘다, 이기적이다, 이타적이다, 테러범, 자유의 수호자와 같은 단어들이 들어있다. 그리고 '~받아 마땅하다'는 생각을 바탕으로 한 응보적 정의 개념이 그러한 판단들과 연결되어 있다. 이러한 도덕적 판단으로 수치심이나 두려움, 죄책감으로 행동을 변화한다면 그에 상응하는 댓가를 치르게 되고, 이것은 폭력적인 방식으로 나타날 것이기에 관계가 단절되고 우리가 원하는 방향을 가로막아 더 이상 바라는 미래로 나아가지 못하게 한다.

> *성장과 변화의 요소 중에서 가장 효과적인 것은 그 어떤 기술보다 훨씬 더 기본적인 것, 바로 마음을 바꾸는 것이다.*(존 웰우드)

응보적 정의와 회복적 정의

잘못된 행동이 있을 때, 그에 상응하는 고통을 부여하는 것으로 처벌하고, 사회에서 분리시켜 통제하고, 그 사람의 행동을 변화시킬 수 있는, 강력한 처벌이 사회질서를 유지하고, 우리의 삶이 조금 더 안전해질 것이라는, 잘못에 따른 합당한 처벌이 이루어질 때 정의는 성취될 것이라는 오래된 신념이 존재한다. 이러한 응보적 정의에서는 누가 어떤 법을 위반했는가? 그래서 범인은 누구인가? 이에 어떤 처벌을 받는 것이 적절한가?를 묻는다. 이러한 응보적 질문에 익숙한 일상에서는 갈등상황에서 잘못한 사람을 찾아 처벌하면 문제가 해결된다는 빠른 문제해결 답찾기로 나가게 된다. 그리고 문제를 일으킨 사람을 공동체에서 배제하고, 분리시키면 안전해질 것이기에 서둘러 문제를 처리해야 한다는 생각이 자동으로 떠오른다. 하지만 문제해결을 위해 잘못한 사람을 찾아 처벌하는 것으로는 깨어진 관계가 회복되기에는 부족하다. 처벌 뒤에 무엇이 남는지 생각해보면 알 수 있다.

잘못된 행동이 발생했을 때 그 영향과 피해를 입은 대상이 누구인지 확인하고, 그 피해가 최대한 회복되도록 당사자의 자발적 책임과 피해자와 공동체의 역할을 부여하는 일련의 모든 과정을 회복적 정의라고 말할 수 있다. 국가가 만들고 지키도록 강제한 법에 대한 침해행위로 범죄를 이해하는 것이 아니라, 한 개인이 다른 개인에게 해를 끼치는 피해 행위로 이해하며 다른 사람과의 관계를 깨트린 것으로 이해한다. 회복적 정의는 '누가 피해를 입었는가?', '이 피해는 어떤 필요가 발생시켰는가?', '이 필요는 누가 책임을 지고 회복할 것인가?'라고 질문을 바꾼다. 먼저 필요에 초점을 맞추고 그 필요가 생산해 낸 책임에 관심을 갖는다. 책임과 필요, 역할이 회복적 정의의 핵심요소이며, 이것이 정의를 실현하는 데 얼마나 중요한 요소인지 인식할 것을 요청한다.

첫 번째 회복적 정의의 실천 프로그램으로 기록된 엘마이라(Elmira, Ontario) 사건은 이후 수많은 피해자-가해자 조정/화해 프로그램으로 발전하게 된다. 엘마이라 사건을 간략히 소개하면 다음과 같다.

1974년 5월 24일, 캐나다 온타리오주의 도시 엘미라의 법정에서 두 명의 젊은이가 22개의 재물손괴죄에 대한 재판에서 시작되었다. 당시 담당 재판관은 그 지역의 교정위원으로 사건 조사보고서 작성을 담당한 보호관찰관 마크 얀츠(Mark Yantzi)와 메노나이트 중앙회 자원봉사부 담당자 데이브 월트(Dave Worth)의 "가해자들이 피해자를 직접 대면할 수 있으면 좋을 것"이라는 생각에서 시작되어, 담당판사는 가해자와 피해자가 직접 대면해서 손해배상에 노력하라는 판결을 내렸다.

두 소년 용의자들은 피해자들의 피해와 고통에 대해서 들어야 했다.

단 한 달 동안 합의에 이르지 못할 경우 다시 법정에서 최종 판결을 받는 조건이었다. 소년들은 보호관찰관과 자원봉사 조정자와 동행해서 이사를 간 두 명을 제외한 모든 피해자의 집을 일일이 방문하여 피해자들과 대면해야 했고 그들의 피해와 고통에 대해서 들어야 했다. 그 후 자신들의 잘못을 뉘우치고 사과하며, 자신들이 어떻게 하면 피해자들에게 보상할 수 있을지를 묻기에 이르렀고 봉사활동이나 현금배상 등의 방법으로 자신들의 잘못된 행위에 책임을 지게 되었다. 실제로 몇 집은 이들이 찾아와 사과한 것만으로도 이 청소년들을 용서해 주었고, 그 두 청소년은 다시 마을의 구성원을 건강하게 살아갈 수 있었다. 두 달 안에 손해배상이 완료되었다.

자기 집 앞의 잔디를 깎아주며, 부서진 것들을 수리해줄 것을 요청하거나, 지역신문에 사과문을 기고하라 등 가해청소년을 만난 피해자들은 의도를 가진 폭력의 대상이 된 것이 아닌 청소년들의 과격한 술버릇에서 비롯된 행동에 대한 책임을 스스로 지도록 했다. 무엇보다 작은 마을에서 벌어진 일로, 마을 전체가 두려움과 불안, 불신에 빠져서 공동체가 어려움에 처했는데, 이러한 과정을 통해서 마을 공동체가 회복될 수 있는 계기가 마련된 것에 대해 환영했다고 한다.

이 사건을 계기로 처벌을 내리기 위한 심리보다는 청소년들에게 회복의 기회를 부여함으로써 결과적으로 법적 처벌보다 더 효과적인 선도와 예방의 결과를 가져오게 되었다. 이것은 가해자와 피해자가 만나 대화할 때 일어날 수 있는 일들이었다. 회복적 정의의 실천과정으로 회복적 대화모임이 시작되었다.

양자물리학자 데이비드 봄은 '현재의 어려움이 과연 무엇이 잘못되었는가를 명확하게 규정하지 못하는 데서 비롯된 것일까? 지금보다 섬세한 방식으로 잘못된 점을 찾고 규정하면 어려움을 해결한 현명한 대응책을 찾을 수 있을까?'라고 질문하며, 오히려 커뮤니케이션 자체에 대해서 말하고 생각하는 방식이 문제는 아닌지 되묻는다. 커뮤니케이션 자체에 대한 조잡한 이해와 무신경이 현재 우리가 직면한 어려움의 진정한 원인은 아닐까?라고 질문한다. 대화에서는 한 사람이 뭔가를 말한 다음, 상대방이 그에 대해서 반응한다고 해도 의미가 정확하게 일치하는 경우는 많지 않다고 한다. 의미가 비슷할 뿐 완전히 일치하지는 않는 경우가 대부분이라고. 일상에서 우리는 상대방의 이야기를 이해하고 있다고 생각하며 듣는다고 믿지만, 진실로 잘 이해하도록 있는 그대로 잘 듣고 있는지 '듣기'는 오해가 많은 사안일 것이다. 일방적인 한쪽 이야기만을 주장하는 듯 건네는 독백으로는 대화가 이루어질 수 없다. 독백과 독백이 충돌하는 폭력의 순간에는 대화가 불가능하다. 대화는 듣고 말하는 과정을 통해 의미가 흐르는 과정일 것이다. 그렇다면 갈등의 순간에 우리가 원하는 미래로 나아가기 위해서, 그것이 한 발짝이라도, 한 걸음 나아가기 위해서 무엇이 필요할까?

회복적 서클 : 공동체 자기돌봄 프로세스

중학교 2학년 여학생 5명의 갈등이 점점 심해져서 이대로 3학년이 되면 3학년 1년도 학교생활이 어려울 것 같다는 걱정과 염려가 있던 선생님께서 마침, 회복적 서클RC 연수에 참여하시고 난 후 회복적 대화모임을 요청하셨다. 한 학년에 한 개 반만 있는 지역의 작은 중학교였다. 약속을 하고 찾아간 학교는 조용한 늦가을 단풍이 예쁘게 물들어 있었다. 5명의 여학생을 한 명씩 만나는 사전서클을 진행하고, 여학생 모두 서로 이야기를 나눠볼 수 있겠다고 하여, 한주 뒤에 같은 요일 오후 2시에 만나기로 하였다. 당일 오후 2시에 학교 상담실에 마련된 대화공간에 함께 모여 대화모임 규칙을 서로 확인하고 이야기를 시작하였다. 좀처럼 서로의 이야기가 들리지 않고 독백처럼 자기의 주장만을 계속해서 반복하던 힘들고 지친 2시간 30여 분이 지나고, 우리는 잠시 휴식을 가졌다. 건드리지 말아야 할 벌집을 건드리고 난 후처럼 후회가 밀려왔다. 오히려 상황을 더 악화시킨 것은 아닌지 걱정되었다. 조바심 나는 마음을 겨우 진정시키고 난 후 다시 대화를 이어나갔다. 대화모임에서 깊게 각인된 마음의 상처들이, 단풍보다 더 붉게 물들어 있는 아이들의 아픔이 드러나기 시작하자, 놀라운 변화가 일어났다. 한 친구의 마음속 깊이 묻어두고 꺼내지 못했던 고백이 다른 네 친구들에게 들려졌고, 이후 서로에 대한 오해가 풀려지며 더 깊은 이해, 진심을 서로 나누는 대화모임이 되어갔다. 회복적 서클RC 프로세스 대화모임에서 진행자가 참여자들에 묻는 질문 3가지를 모두 마쳤을 때 5명의 아이들은 울고 있었고, 서로의 손을 잡기 시작하였고, 앞으로 관계회복을 위해 서로가 할 수 있는 행동들을 약속하였다. 교무실에서 기다리고 계시던 선생님과 맛있는 저녁을 먹을 수 있겠다고 기뻐하며 대화모임을 마무리하고 교실 밖을 나서던 아이들의 뒷모습으로 가을 저녁 노을이 물들어 갔다.

갈등 속에 있는 참여자들이 상호이해, 관계회복, 공동체 회복과 성장으로 나아갈 수 있도록, 안전한 공간에서 서로 듣고 말하는 대화를 통해 갈등을 전환하는 프로세스, 회복적 서클RC(Restorative Circles)은 1990년대 중반에 도미닉 바터(Dominic Barter)가 브라질 리오 데 자네로의 언덕에 위치한 공동체에 사는 파벨라 현주민들과의 대화를 통해 시작되었다. 이론에 근거해서 출발한 연구결과물이 아닌 현주민들과 마약갱 청소년들과 함께한 대화실천을 통해 나타났다. 2004년 UNDP의 지원으로 시작된 갈등전환 프로그램에 학교, 경찰, 교육부와 법무부 등이 연결되면서 90%의 상호만족의 결과가 나왔다. 이 프로젝트들은 사법과 교육의 혁신적인 공로를 인정받게 되고, 전국 언론의 집중을 받게 되었다. 브라질의 도시 폭력의 비율을 낮추는 데 적극적으로 기여한 것으로 알려져 있다. 그 이후로 지역공동체들, UNESCO, 인권특별사무국과 국가교육사무국의 지원으로 회복적 서클RC은 여러 국가에 전파되었다. 도미닉 바터는 폭력은 개인과 개인, 갱단 그리고 국가차원에서도 독백과 독백이 충돌하여 폭력이 발생하는 것이며, 갈등은 이해되어야 할 현상으로서 역동적인 에너지가 있는 것이지 문제로 보면 안 된다고 하였다.

2011년 12월 "한국 회복적 정의 네트워크(RJ)"의 회원 단체인 "비폭력평화물결(본인 소속단체)"과 "한국비폭력대화센터"는 공동으로 John Myser, Margareta Mac, Verena Preiss를 초청하여 4박 5일의 진행자 양성과정 워크숍을 주최하였다. 참가자들은 그다음 해 5월까지 매주 4시간씩 그리고 매달 1일 연습모임을 통해 공동의 실습과정을 가지면서 학교를 비롯한 지역사회에 회복적 서클을 전파하기 시작하였다. 이후 2014년 10월 말에는 도미닉 바터를 한국에 초대하였다. 도미닉 바터는 기조 강연에서 공동체 안에서 회복적 시스템 구축(process)을 회복적 서클RC의 주요한 의미로 강조하였다. 이에 비폭력평화물결은 여러 지역과 부분에 적정기술로서 전달되고 안착될 수 있도록 훈련과정을 만들고, 학교, 시민사회 등의 영역에서 실천가들이 형성되도록 돕고 있다.

회복적 서클RC에 기반한 회복적 대화모임은 다음의 과정을 통해 진행되고, 대화 모임이 진행되는 회복적 실천의 각 내용은 다음과 같다.

사전 서클

- 갈등을 상징하는 하나의 행동 확인하기
- 갈등의 의미를 이해하기
- 참여 의사를 확인하기

본 서클

- 상호 이해
- 자기 책임
- 동의한 행동

사후 서클

- 참가자의 만족도 조사하기
- 새로운 행동을 축하하거나 찾기

회복적 서클 단계별 진행도와 이해

사전서클에서는 갈등이 일어나는 행동 혹은 자극 상황에 대해 각 당사자들의 명료한 이해를 추구한다. 이 과정에서 갈등을 상징하는 하나의 구체적인 행동(ACT)을 찾아내며, 각 당사자가 옳고 그름의 논증보다 느낌과 욕구에 근거한 의미를 발견하도록 돕는다. 더 나아가 당사자들 모두가 모여서 함께 말하고 듣는 대화모임에 참여할 수 있는지 자발적 동의를 확인한다. 이 과정에서 회복적 서클RC 진행자는 대화모임 과정에 대한 신뢰를 각 당사자들과 함께 형성하게 된다.

본 서클에서는 참석자 모두가 상대방의 말을 듣고 이해하는 과정에 중점을 두며, 이 과정에서 대화모임에 있는 상대방의 실제 경험과 느낌에 연결되도록 대화모임이 진행된다. 이러한 상호이해가 충분히 이루어지고 나면 다음으로, 자신이 어떤 행동을 하였을 때 진심으로 원했던 것이 무엇이었는지를 이야기하는 시간을 갖는다. 이 자기책임 단계에서 갈등의 이면에 있는 상대방의 진심에 대한 관심으로 초점이 옮겨지면서 갈등 당사자들이 서로에 대해 막연하게 가졌던 적대감이 상당부분 낮춰지게 된다. 문제가 되었던 행동으로부터 받게 된 영향과 그 결과, 원래의 의도 등을 이야기한 후에는, 내가 실천할 수 있는 제안이나 부탁하고 싶은 구체적인 행동들을 이야기하며 상호동의와 이해를 통해 실행계획을 약속하고, 이후 실행계획(합의한 약속)을 약속한 기간 동안 실행하게 된다.

1. 상호 이해

"지난번 일로 자신이 지금 어떠한지, 누가 무엇을 알아주시기를 원하시나요?"

2. 자기 책임

"그 행동을 하기로 선택했을 때, (그 행동에 반응했을 때, 그 순간에) 자신이 진심으로 원했던 것에 대해 누가 무엇을 알아주기를 원합니까?"

3. 이행 동의

"앞으로 어떤 기대가 있나요? 어떤 것을 보고 싶은가요?"
"그 일을 위해 당신은 무엇을 할 수 있나요?"
"무엇을 제안할 수 있는지 조금 더 구체적으로 이야기해 주실 수 있나요?"

사후서클에서는 실행계획(합의한 약속)의 책임이행에서 긍정적인 결과를 서로 축하하고, 아직 미진한 부분에 대한 수정 혹은 진행되지 않는 부분에 대한 새로운 행동계획을 약속하게 된다. 이를 통해 서로에 대한 신뢰를 재구축하고 관계를 회복하며 그에 영향을 받은 공동체(가정, 학교, 지역공동체)가 더 나은 방향으로 복원되도록 한다.

이러한 대화과정의 회복적 서클RC는 전문적 지식과 역량을 갖춘 외부 권위자에게 문제해결을 요청하는 것이 아니라 공동체가 스스로 문제를 해결할 수 있는 지혜와 자원을 충분히 가지고 있다는 것에서 출발한다. 그리고 또한 중요한 것은 갈등 당사자들만이 아니라 그들이 소속한 공동체 구성원 모두가 책임의 주체라는 인식이다. 문제로부터 영향받은 공동체 모두의 책임과 역할이 주어진다. 그리고 갈등을 제거되어야 할 문제로 보기보다는 개인과 공동체가 새롭게 발견하는 성장과 돌봄의 기회로 인식하고 직면한다는 점에서 회복적 서클은 갈등전환적이다. 어떤 중요한 것을 간과했는지 살펴보고, 필요와 욕구를 충족시키는 자기 돌봄의 기회로 맞이하는 것이다.

일련의 구조화된 대화과정을 통해 문제대상에 대한 적 이미지로 고정되어 상실되었던 인간성을 회복하고, 감추어진 의미와 목적, 진심 등을 실현할 수 있는 행동약속에 도달하게 된다. 이것은 단순한 절차를 넘어서 서클의 안전한 공간에서 대화로 펼쳐지는 의미의 흐름이 새로운 가능성을 창조하고 출현시키는 마음의 연결이다. 회복적 서클RC는 공동체 자기돌봄 프로세스이다.

이러한 회복적 서클은 서두에 소개한 갈등의 순간에 우리가 원하는 방향을 향해 나아가려면 무엇이 필요한지 발견하였던 예를들면, 상호이해, 책임과 존중, 배려, 공감, 여유와 인내, 용기, 부드러운 말투, 대화와 경청, 역지사지 등이 실제로 작동하여 관계회복을 향해 나아갈 수 있는지 경험하는 대화모임이다.

회복적 서클RC 프로세스로 공동체 자기돌봄 과정을 지역에서 구축하고 있는 협력단체로는 사회적협동조합 평화물결(서울), 평화영성교육센터 품(인천), 그물코연구소(화성), 돌봄과 성장을 위한 이웃대화모임(안산), 사회적협동조합 사이(평택), 광명교육연대(광명), 사회적협동조합 봄내시민평화센터(춘천), 평화제작소(음성), 사단법인 비폭력평화교육센터(광주전남), 유쾌한대화연구소(대구), 전주YMCA평화교육센터(전주전북) 등이며, 그리고 제주 회복적서클진행자를 포함한 다양한 소모임들과 개인실천가들이 있다.

회복적 경찰활동 및 학교 관계회복 조정활동

회복적 서클은 특별히 학교 영역에서는 회복적 생활교육의 한 모델로 자리 잡아 가고 있다. 2019년 8월 초 학폭법의 개정으로 학폭건이 교육청으로 이관되었고, 서울시교육청을 비롯한 몇몇 교육청에서는 관계회복조정기구를 신설하고, 전문인력양성을 위한 관계회복을 위한 지원단 양성 연수 프로그램을 운영하고 있다. 광주에서는 사단법인 비폭력평화교육센터가 6년 전에 설립되어 현재까지 광주시 교육청 및 교육연수원, 전남교육연수원, 그리고 일선 학교 등에서 교사, 학부모, 학생 대상 교육연수를 진행하고 있다. 그리고 회복적대화모임을 통한 관계회복 프로그램을 지원하고 있다. 광주 한 교육지원청에는 [위기학생신속대응 부르미]에 참여하고 있으며, 전교조 광주지부와는 학교회복적시스템 구축을 위한 1년 과정으로 회복적서클 진행자 양성과정을 4년째 진행하고 있다. 또한 지역 내 지원시스템을 형성하기 위해 광주교육지원청 시민소통단과 함께 2020 회복적서클 진행자 양성과정을 실행하였다.

2014년에 실시한 강원도지방경찰청 내 117 담당 실무자들, 여성청소년과 및 학교폭력전담(SPO) 경찰들을 위한 회복적 서클RC 진행자훈련과정으로 '위드유' 프로그램이 진행되었고, 2019년은 회복적정의네트워크 단체들과 더불어 15개 경찰서에서 '회복적경찰활동' 시범사업을 시행한 결과 88% 만족스러운 결과가 나타났다. 2020년부터 142개 경찰서(전국 255개)에 확대 운영하게 되었다. 회복적경찰활동을 위한 경찰청과의 MOU를 체결하였고 본격적으로 경찰업무에 회복적 정의가 도입되는 물줄기가 열렸으며, 회복적 서클을 대화모임 프로세스로 적용하여 진행하고 있다.

회복적경찰활동 대화모임과 사례가 신문기사로 실렸는데, 아파트에서 층간소음을 견디다 못해 윗집 출입문에 킥보드를 던진 20대 초반 청년남성과 윗집 40여대 여성 사이의 갈등이었다. 피해자 전담 경찰관은 재발방지를 위해선 관계회복이 필요하다고 판단해 회복적 대화모임을 제안했다. 가해자와 피해자뿐 아니라 양측 모두 가족이 참여했다. 피해자는 모임에서 그간의 공포와 두려움을 표현했고, 가해자는 이러한 피해자의 모습을 보며 반성하였고, 아울러 가해자가 평소 층간소음으로 인해 극심한 스트레스에 시달렸다는 사실을 피해자가 알게 됐으며, 피해자 역시 층간소음의 원인이 다양하다는 것을 깨닫게 됐다. 결국 가해자는 피해자의 현관문을 교체해줬고, 경찰은 대화 모임 결과보고서를 첨부해 검찰에 송치, 기소유예 처분을 받았다고 한다.

회복적경찰활동은 지역사회에서 발생하는 갈등분쟁 및 범죄 해결에 있어 오로지 가해자 처벌에만 집중되고, 피해자의 피해회복에 무관심하다는 비판을 받은 현 제도를 보완하기 위해 회복적 정의에 기반하여 피해자, 가해자 간의 대화를 통해 피해회복과 관계회복으로 범죄 재발 방지와 근본적 해결방안을 전문기관과 함께 모색하는 활동이다. 학교폭력, 층간소음, 절도, 가정폭력 등 여러 영역에서 당사자 간 대화를 통해 화해, 재발방지 등 공동체의 평화를 유지하고자 하는 경찰활동의 새로운 패러다임인 것이다. 현재 즉결심판청구나 수사서류에 대화 결과 보고서를 첨부하는 방식으로 검찰 처분이나 양형에 반영될 수 있도록 하고 있다.

> *"자신이 한 행동이 이런 범죄죄목으로 되는지도 몰랐고 친구들끼리 재미로 한 행동이 이렇게 큰일이 될 수 있다는 것을 알았습니다. 행위학생 어머님은 아들이 학교생활이 어땠는지 알게 되었고 피해친구와 가족들이 얼마나 힘든지 알게 되었다고 말하고 사과하였고 행위학생은 말로 잘 표현하지 못하는 자신의 속마음을 손편지를 써와서 전해주었다."*(회복적 대화모임 진행자)

2021년 11월말 기준 광주지방경찰청 관내 5개 경찰서에서 총 44건의 회복적경찰활동으로 회복적대화모임이 진행되었다. 2021년 11월 말 기준 전국 200개 경찰서에서 총 1,188건이 의뢰되었고, 그중 대화모임으로 956건이 완료되었으며, 875건(92%)이 조정되었다.

> *인간의 마음은 민주주의의 첫 번째 집이다. 거기에서 우리는 묻는다. 우리는 공정할 수 있는가? 우리는 너그러울 수 있는가? 우리는 단지 생각만이 아니라 전 존재로 경청할 수 있는가? 그리고 의견보다는 관심을 줄 수 있는가? 살아있는 민주주의를 추구하기 위해 용기 있게, 끊임없이, 절대로 포기하지 않고, 동료 시민을 신뢰하겠다고 결심할 수 있는가?* (테리 템페스트 윌리엄스, '비통한 자들을 위한 정치학-파커 파머' 중에서)

일상의 비폭력: 삶을 풍요롭게 하는 대화

일상의 갈등 혹은 자극되는 상황들에서 자동적으로 반응하는 것은 '해결책 찾기'와 '이기기 게임'이다. 이는 일상적인 삶에서 직면하게 되는 갈등들을 이해해야 할 역설이 아닌, 빨리 벗어나야 할 골치 아픈 장애물, 문제로 여기기 때문이다. 그래서 문제를 해결할 수 있는 해답을 말해주면 된다고 생각한다. 갈등, 혼란, 다툼을 '문제'로 보고 있었고, 그 문제에 대해 '대답'이 필요하다는 것이다. 내가 맞고, 상대는 틀렸다는 시비논리와 같은 인식과 태도는 대화를 방해하는 요소로 작동한다. 내가 생각하는 해답을 설득·주장하거나, 나의 대답이 거부될 때 나를 거부하는 것으로 판단하거나, 상대방에게 조언해주면 잘 알아듣고 문제를 해결할 것이라고 생각한다.

그런데 바로 이 순간이 대화가 단절되는 때이다. 상대에게 문제를 어떻게 풀 것인지 충고하거나, 상대의 이야기나 문제를 부정적으로 평가판단하거나, 상대의 동기나 문제의 원인에 대해 분석하거나, 상대의 문제나 잘못에 대해 캐내기 위한 질문으로 조사하거나, 상대의 기분을 끌어올리려고 문제나 감정을 최소화하여 단순화하는 방식은 대화를 방해한다. 그리고 대화에 관심이 없거나, 의지가 없음을 나타내는 태도, 몸짓, 표정 등 비언어적인 방식 또한 대화를 방해한다. 갈등의 순간 우리는 대화가 필요하다는 것을 알고 있지만 대화는 이루어지지 않고 서로 승리하기 위한 논쟁만이 자리하고 있다. 갈등은 우리의 일상에서 끊임없이 크고 작게 일어난다.

대화는 공유된 탐색, 곧 더불어 생각하고 반성하는 방법으로 다른 사람'에게'하는 것이 아니라 사람들과 '더불어'하는 것으로, 타인과의 관계에 대한 태도를 바꾸고 그들에게 우리를 이해하도록 만들기보다 우리 자신과 쌍방에 대한 더 큰 이해에 도달하는 방법을 배우는 것과 관계가 있다는 윌리암 아이작스의 말에 깊이 공감한다. 대화과정에서 자신이 말하려 했던 것과 상대가 이해한 것 사이에 차이를 인식하면, 경청은 이런 차이를 인지하고 생각하는 과정에서 새로운 어떤 것을 발견할 수 있게 한다. 새로운 이해에 도달하고, 그런 과정에서 완전히 새로운 생각과 행동의 기반을 형성하고 출현시킨다. 편견이나 상대에게 영향을 미치려는 의도가 없이 상대의 말에 자발적으로 귀를 기울여야 한다. 경청이 필요한 것이다.

그리고 회복적 서클의 구조화된 주요한 질문, 예컨대 "지난번 일로 내가 지금 어떠한가요?", "그 순간에 내가 진심으로 원했던 것이 무엇이었나요?", "앞으로 어떤 기대가 있나요?", "그 일을 위해 당신은 무엇을 할 수 있나요?" 등과 같은 회복적 질문은 경청에 이어 대화를 가능하게 한다. 왜냐하면 질문은 대화의 방향, 내용에 대한 범위, 대화의 에너지 수준, 그로 인해 어떤 결과가 나타날지를 포함하고 있기 때문이다. 회복적 질문은 잘못한 사람보다는 그 피해에 초점을 맞추고 어떻게 하면 그 피해가 회복되고 공동체적 영향이 건강하고 평화적 방법으로 전환할 것인가에 대한 부분으로 초점을 바꾸게 한다. 상황이해, 피해확인, 자발적 책임, 관계회복, 공동체 영향, 갈등전환 등 현재 무엇이 일어나고 있고 어디로 가야 하는가에 대해 사건의 과정과 미래에 초점을 두게 된다. 회복적 질문들은 미래를 향해 나아간다.

이러한 경청과 질문으로 이루어진 대화는 우리의 삶을 풍요롭게 한다. 비폭력의 일상은 나의 삶을 생생한 살아있는 에너지로 가득 채워 풍요롭게 이루어가는 것이다. 나의 삶의 중요한 선택을 타자에게 넘겨주지 않고, 나의 중요한 진심, 욕구 가운데 머물러 타자와 연결하는 대화를 통해 기여를 즐기는 삶의 본성으로 살아가는 것이다. 신성한 에너지, 연민의 즐거움, 기여의 기쁨에서 우러나와 행동할 때 우리는 평화와 조화로움을 얻어 단순히 악당을 처벌하는 것이 아니라 평화를 회복하는 방법을 찾아갈 수 있다.

고통스러운 갈등이 있었을 때 당신에게 무엇이 효과 있었나요? 무엇이 별로 효과가 없었나요? 내 가치와 부합하는 방향으로 갈등이 해결된다면, 그것은 어떤 모습인가요?(도미닉 바터의 회복적서클 씨앗질문)

평화학자 요한 갈퉁은 적극적인 평화의 개념이 전쟁, 폭력, 불의의 근본 요인을 제거하고 평화, 정의가 실현될 수 있는 사회를 건설하기 위한 노력을 포함한다고 하였다. 직접적이고 물리적인 폭력뿐만 아니라 사회적 불평등, 차별, 혐오 등과 같은 간접적 구조적 문화적 폭력까지 극복하는 것이 평화라고 말한다. 그의 '평화적 수단에 의한 평화'(Peace by Peaceful Means)로서의 적극적인 평화는 모든 삶의 상호연계성을 전제로 개개인의 인권과 삶의 질 향상을 추구한다. 대화는 일상의 비폭력을 실천하는, 삶의 풍요로움을 형성하는 첫 걸음이다.

> *자극과 반응 사이에는 공간이 있다. 그 공간에는 우리가 반응을 선택할 수 있는 힘과 자유가 있다. 우리의 성장과 행복이 그 반응에 달려있다.*(빅터 프랭클)

제Ⅱ부

피로한 시대, 여성에게 길을 묻다

코로나 시대 속, 여성의 삶

기후위기시대의 여성과 공동체

포스트-강남역의 정동적 구성과 연대의 서사화

코로나 시대 속, 여성의 삶*

윤김지영
(국립 창원대학교)

코로나19 바이러스가 인간 삶의 존재론적 기틀은 물론 가치론적 기반까지 송두리째 뒤흔들고 있습니다. 코로나19 바이러스는 성별과 계급, 인종에 상관없이 누구나가 취약해질 수 있는 평등성에 근간한 사태가 아니라, 오히려 불확실성을 무기로 이미 이 사회에 만연해있는 구조적 불평등을 강화하는 요인으로 작동하고 있는 것입니다.

돌봄 노동의 가중과 여유 시간의 증발

이러한 코로나19 사태는 소위 비대면 시대를 열었습니다. '물리적 접촉과 소통을 구축하는 행위'를 의미하는 콘택트는 사회적 거리두기(social distancing)의 조치로 유예되거나 중지되었습

---

* 이 원고는 2020년도 전남대 인문주간에서 발표한 특강 원고를 수정 및 보완한 것입니다.

니다. 이는 사회적 격리와 재택근무, 휴무, 휴교 등의 조치들로 구체화되었습니다. 이를 통해, 비대면 시대는 외부인들과의 접촉은 최소화했지만, 공동 주거를 하고 있는 내부 구성원들, 주로 가족과의 과밀 접촉 현상을 초래하고 말았습니다. 이러한 관점에서, 저는 외부인들과의 비접촉 현상을 내부인들 간의 과밀 접촉이라는 이면에 의해 유지된 것으로 해석하고자 합니다.

그렇다면 가정이라는 공간에 대해 이야기해볼까요? 내부인들이 공동 거주하는 가정이란 공간은 모든 구성원들에게 있어 균질적인 공간으로 작동하지 않습니다. 가정이라는 공간은 내부인들을 담아내고 수용하는 빈 그릇으로서의 용기(容器)가 아니기 때문입니다. 가정은 내부적으로도 불균질한 복수의 이질적 공간들을 생산해내는 관계들의 권역(圈域)에 가깝습니다. 가정은 여성과 남성, 노인과 아이 등 성별과 나이, 직업 여부에 따라 구성원들이 어떤 노동과 어떤 에너지의 흐름에 주로 접속하고 있음과 동시에 끊겨있는지에 따라, 상이하게 발생하는 다양한 공간들의 집합에 가깝기 때문입니다. 예를 들어 보도록 하겠습니다. 우리가 가정 내 화장실에 들어간다고 할지라도, 가정에서 주로 돌봄 노동과 가사노동을 담당해야 하는 이에게는 그 공간이 과연 어떻게 보일까요? 먼저 수챗구멍의 머리카락들과 곰팡이들, 수건함이 비어있거나 샴푸통이 다 비워져 간다는 것 등을 제일 먼저 체크해야 할 사항이자 눈에 들어오는 요소들로 여길 수 있을 것입니다. 하지만 가사노동을 거의 담당하지 않는 이에게는 화장실은 굳이 청소하지 않아도 언제나 수챗구멍에는 머리카락이 없는 것이 자연스러운 상태이거나 수건이나 샴푸가다 떨어져 간다는 것에 전혀 신경을 쓰지 않아도 되는 공간으로 인식되기 쉽습니다. 즉 누가 가사노동을 주로 전담하느냐에 따라 가정에서의 화장실에 대한 경험 또한 달라지는 것입니다.

이처럼 가정은 내부 구성원들 간의 상호관계들의 산물이자 각각의 구성원들이 가진 권력의 격차와 규범적 기대 역할인 성 역할의 충돌, 애착의 정도, 각각의 구성원들이 가정 내에서 주로 점유하고 이동하는 움직임의 경로들이 각각 다르게 배분되어있는 "이질성이 공존하는 장"(Massey, 2005: 9)이기 때문입니다. 팬데믹 상황은 가정이라는 공간을 유일하게 안전한 장소로 여기도록 만듦으로써 이 집합체가 유지되기 위해서 반드시 "실행되어야만 하는 물질적 실천들"(Massey, 2005: 9)을 일방적으로 배분하게 만들었습니다. 코로나19 바이러스라는 비인간 물질성이 인간의 신체성을 매개로 전파, 확산되는 것을 막기 위하여, 그 매개항인 인간 신체의 이동경로 자체를 제한하고자 했고 이러한 조치는 공적인 돌봄 체계의 중단으로 이어졌습니다. 그리하여 여성들은 양육은 물론 아이들의 교육 전반과 노약자에 대한 간호, 재택 근무하는 남편의 업무 효율도 관리, 실내에 갇힌 가족 구성원들의 스트레스를 완화해주는 감정노동, 임금노동과 가사노동의 이중노동 등 복합적인 물질적 실천의 집약성에 24시간 내내 노출되어야만 했습니다. 즉 코로나19라는 "재난 상황에서 무급 돌봄 노동이 증가하고 아동과 노인 돌봄, 가족 전반에 대한 건강관리까지 여성의 일로 여겨져 일상적 돌봄부터 공적 돌봄에 이르기까지 여성에게 돌봄 부담이 가중"(장은하·김희, 2020: 1)되는 현상이 나타난 것입니다.

물론 팬데믹 사태가 나타나기 이전부터, 가정 내 여성의 돌봄노동 및 가사노동의 수행 강도와 시간량은 항시 남성보다 높았습니다. “단기주기의 정기적 활동(월간), 장기주기의 정기적 활동(연간), 비정기적 활동의 수행시간 총량을 보면 여성은 매 1개월마다 약 301시간, 남성은 약 99시간(의 가사노동)을 합니다. (이처럼) 여성의 가사노동 수행 시간량이 남성에 비해 압도적으로 많”(김영란·선보영·김필숙, 2018: 143)았습니다. 하지만 팬데믹 사태로 인하여 가정이라는 공간의 기능 자체에 변동이 일어남으로써, 가정은 일과 휴식이 중첩되는 재택근무의 장소이자, 교육과 여가가 중첩되는 온라인 수업 형태의 대대적 실험실이 되었습니다. 이는 더 이상 가정이 “가정생활의 유지와 노동력 재생산을 위해 필요한 모든 노동”(김영란·선보영·김필숙, 2018: 4)을 수행하는 재생산 공간으로 국한되지 않고 생산과 재생산의 이중적 장으로 재편되었음을 뜻합니다. 가정은 내부 구성원들이라는 한정된 행위자들 간의 집중적 대면 접촉의 공간이자 온라인 플랫폼이라는 비인간 사물과의 집합체를 통한 비대면 생산 공간으로 급전환되었기 때문입니다. 즉 일과 학습을 위한 고도의 에너지 집중영역과 휴식과 여가를 위한 에너지 방출 영역이 동시적으로 겹칠 뿐만 아니라, 대면과 비대면의 활동 배분의 정도와 시간, 질을 결정짓는 축으로 가정이 급부상한 것입니다. 이렇게 변화된 공간 네트워크를 안정화하는 데에는 엄청나게 많은 시간과 에너지 투여가 요구되는데 이러한 책무는 오롯이 여성에게 돌아갔습니다.[1] 여성들은 다른 구성원들의 역능 강화와 역능 확장을 위한 매개체로서 작동했지만 정작 여성

본인에게는 역능 상실의 지대로 팬데믹 사태 속 가정이라는 공간에 접속했었던 것입니다. 왜냐하면 여성들의 집약적, 지속적인 노동 흐름들은 가족 내 다른 행위자들에게 일방적으로 흡수되는 형태로 이루어졌기 때문입니다. 이로써 가족이라는 연합체를 구성하는 행위자들 간의 노동과 에너지의 흐름의 연결과 배분 방식이 얼마나 비대칭적인가가 여실히 드러났습니다.

위에서 살펴본 바와 같이, 팬데믹 연결망에 의한 가정이란 공간의 급작스런 위상 변화 속, 온 존재적 에너지와 시간의 포화에 침잠될 수밖에 없었던 행위자들은 대부분 여성들이었습니다. 24시간 내내 가족 구성원들의 밥과 공부, 일, 여가에 관여하며 이를 제대로 돌아가게 만들려면, 자기 자신을 위한 시간과 일, 에너지의 여분은 전혀 갖지 못하게 마련입니다. 이는 곧 그들의 인지적, 감정적, 육체적 소진의 가속화로 이어졌습니다. 코로나19 팬데믹 사태 이후, '파김치'라는 단어를 둘러싼 연관 키워드들(그림 1)

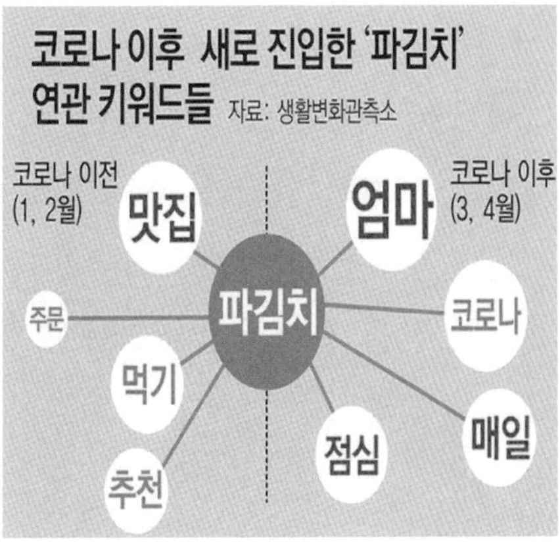

그림 1. 코로나 바이러스와 연관 키워드들

1) (박현영, 중앙일보, 2020.05.09.) "남녀 모두 봉쇄 전보다 집안일을 더 많이 하는 것으로 조사됐지만, 분담 비중은 달라지지 않았다는 것이다. 자녀가 있는 가정은 학교 폐쇄로 '홈 스쿨링', '원격 수업 돕기' 같은 역할이 추가됐는데, 이것 역시 대부분 엄마가 맡는 것으로 보인다."

을 살펴보면, 이 용어는 예전에는 김치의 한 종류를 뜻하는 것으로 주로 사용되었다면, 코로나19 사태 이후에는 가정 내 여성의 돌봄 노동, 가사 노동량의 급증으로 인한 자기 소진적 일상의 반복성을 드러내는 의미로 사용되고 있습니다.2)

이처럼 여성들은 팬데믹 사태 속에서, 기존에 "현존하는 권력관계의 덫에 걸린 삶"(Bryant, 2020: 174) 속에서 계속 허덕여야 했습니다. 나아가 "현존하는 사회적 관계들과 현존하는 공간적 네트워크를 의문시"(Bryant, 2020: 174)할 수 있는 비판적 인지 역량이나 상상력을 위한 시간적 여유조차 모두 증발해버렸습니다. 왜냐하면 가정이라는 연합체는 여성들에게 너무도 많은 노동과 에너지의 투여 공간, 즉 "수행하도록 요구받은 조작의 수"(브라이언트, 2020: 260)가 포화점에 이르는 "피로의 현장"(브라이언트, 2020: 267)에 다름 아니었기 때문입니다. 그리하여 새로운 사회적 관계와 몸-배치도를 기획할 수 있는 "정치적인 것들의 주요한 지대"(Bryant, 2014: 174)라 할 수 있는 열린 시간성의 장을 철저히 박탈당해야 했습니다. 여성들은 생존의 그물망에 포획되는 방식으로 시간성에 압도, 매몰 당했으며 팬데믹 사태가 가져온 가정이라는 공간의 변동을 여성에게 있어, 위험과 희생의 양적 증가이자 기존 권력관계의 심화양태로 경험할 수밖에 없었던 것입니다.

---

2) (전채은·신지환, 동아일보, 2020.08.08.) "빅데이터에서 파김치는 1, 2월까지만 해도 연관어가 '맛집' 등 음식과 이어지는 게 많았다. 그런데 코로나19가 거세진 3월부터 파김치는 부쩍 '엄마' '코로나'란 단어와 함께 언급됐다. 집에 머무는 가족이 늘며 가사가 크게 늘어난 주부들과 "파김치가 되다"란 관용적 표현이 연결되고 있단 게 연구팀의 분석이다."

가정 내 여성 대상 남성폭력의 심각성

물리적 접촉과 소통을 구축하는 행위가 가정이라는 한 공간에서만 나타날 때에, 이러한 내부적 과밀 접촉의 행위자들-주로 공동 거주하는 가족관계에 있는 이들-간의 서로 다른 에너지와 역능의 경로들은 빈번한 충돌을 발생시킵니다. 이는 가정 내 노동 형태에 따른 감정적, 인지적, 신체적 반응 양식의 불일치이자 활동공간의 협소화로 인한 에너지 적채현상, 장기화된 격리로 인한 심리적 답답함과 경제적 불안감 등을 이유로 긴장과 갈등이 격화된 것이라 할 수 있습니다. 비대면 시대 이전에는 일터와 휴식, 공부와 여가, 생산과 재생산의 공간적, 시간적 분리를 통해, 구성원들 간의 생애주기별, 성별, 직업별 신체리듬과 에너지 흐름의 상이성과 이질성이 상쇄되거나 약화될 수 있었습니다. 아침이면 아이는 학교로, 남성은 회사로, 여성은 집이나 직장으로, 노인은 주민복지센터나 요양원으로 시간적, 공간적 분리가 하루나 매주, 매월 주기로 정기적으로 갱신되었기 때문입니다. 하지만 팬데믹 사태 이후, 일정한 시간적, 공간적 분리와 재연결 행위가 정기적으로 시행되지 않게 되었습니다. 이로 인해 가정이라는 친족에 기반한 공동 거주 집합체의 인적 네트워크의 밀도가 과도하게 집중되었고 이를 통해, 가정이 얼마나 이질적인 행위자들의 연합이자 단일하지 않은 복수적이며 불균등한 공간들로 이루어져 있는가를 직시하게 만들었습니다.

가정은 성별 노동 분업에 입각한 "권위주의적 생태"의 시공간에 가깝습니다. 이러한 관점에서, 가정은 행위자들 사이에 이미 형성되어있는 노동과 역능의 "경로들에 대한 엄격한 규제"는 물론, 성별과 나이, 세대 등의 위계적 "정체성을 조직" (Bryant, 2014: 152)하고 유지해나가는 연합체입니다. 그런데 팬데믹 사태에 의하여, 남성의 주류적 활동 공간이라 여겨졌었던 외부, 즉 공적 영역의 폐색이 일어나거나 가정 내로 공적 영역이 흡수되는 방식을 통하여 기존의 사회적 네트워크에 커다란 변동이 일어났습니다. 이렇게 급변해버린 공간에서 기존의 권력 패턴을 유지함과 동시에, 코로나19라는 언제 끝날지 모르는 재난상황의 비예측성과 이것이 야기하는 경제적, 사회적 위기의식과 불안감을 단번에 해소하고자 사회적 소수자들을 겨냥하는 반동적 움직임들 또한 발생합니다. 바로 이러한 현상들 중 하나가 가정 내 여성대상폭력 비율의 증가라 할 수 있습니다.

전 세계적으로 실행된 사회적 거리두기와 자가 격리 조치는 가정이라는 생태의 본래적 억압성과 권력 격차의 불평등성을 여실히 드러내준 기폭제에 불과합니다. 가정이라는 공간은 혈연으로 끈끈하게 이어져있기에, 그 어떠한 폭력도 존재하지 않는 평화와 심리적 위안을 보증하는 이상적 공간이 아니라, 성별과 나이, 세대에 따라 상이한 권력의 등고선이 그려지는 지배와 억압의 폐쇄적 생태 자장이기도 하기 때문입니다. 그리하여 "중국 후베이 성 장저우시에서는 2020년 2월, 가정폭력이 전년 대비 세 배 증가했으며, 영국과 북아일랜드에선 이동 제한령 시행 이후 가정폭력이 약 20% 증가했습니다. 그리고 유럽연합에서는 도시봉쇄 이후 가정 폭력률이 3배 증가하였고, 파리에서는

3월 도시봉쇄 이후 가정폭력이 36%증가했으며, 프랑스 전체로는 32% 증가했습니다"(장은하·김희, 2020: 6). 이에 반해, 한국에서는 팬데믹 사태 이후, 오히려 "가정폭력 신고비율이 작년 동기간 대비 4.9% 줄었"(BBC Korea, 2020.04.14.)으나 이는 남성폭력의 부재를 의미하는 것이 아니라 오히려 가해자와 피해자의 시공간적 분리가 거의 불가능한 상태에서 외부에 도움을 구할 수 있는 모든 수단이 끊겨있다는 훨씬 위험한 징후일 수 있습니다. 뿐만 아니라, 코로나19 사태는 외부에서 창궐하는 바이러스에 대한 유일한 피난처로 가정이라는 내부 공간을 이상화하며 가정 내 자가 격리를 적극 독려했지만, 정작 가정 내부의 폭력이라는 유해 인자에 대해서는 제대로 된 대응책을 마련하지 않았음을 확인시켜줍니다. 감염 위험으로 인하여, 가정폭력 피해자 지원 기관의 운영을 축소하거나 피해자 지원 서비스를 제한하는 것, 코로나에 대한 신속한 대응을 위해 "피해자 쉼터를 건강 센터로 급전환"(UN NEWS 2020.04.06.)하여 운영하는 일이 벌어지기도 했습니다. 또한 전 세계적으로 바이러스 감염 위험 예방이 가장 위급한 선결 과제로 우선시됨으로써, 여성들에 대한 남성폭력은 부차적인 것으로 묵인, 간과되기 일쑤이거나 "사회적 봉쇄 조치를 관리하기 위한 경찰인력의 동원으로 인해, 정작 남성폭력을 저지른 가해자들에 대한 체포의지가 약화"(UN NEWS 2020.04.06.)되기도 했었습니다.

코로나19로 인한 심리적, 경제적 스트레스가 남성폭력의 주된 요인으로 분석되고 있지만, 사회적 봉쇄상황에서 가정 내 노동량 급증으로 인한 여성들의 스트레스 지수는 훨씬 더 높은 편입니다. 한 예로, “서울시 동부권 직장맘 지원센터는 코로나19 사회적(물리적) 거리두기 기간 실시한 스트레스 자가진단 결과, 20~40대 여성 절반이 스트레스 고위험군으로 나타났습니다” (류인하, 경향신문, 2020.05.19.). 이러한 관점에서, 사회적 격리로 인한 스트레스 증가가 남성폭력의 원인으로 정당화될 수 있는 것이 아니라, 성별에 따른 스트레스에 대한 반응 차이가 가정 내 권력의 지표로 가동되고 있다는 점에 주목해야 합니다. 대부분의 여성들이 가정 내 다른 구성원들의 육체적, 인지적, 감정적 역능 보존을 위해 일방적으로 노동 흐름을 투여하고 있으며, 이로 인한 에너지 소진 상태에 돌입하였습니다. 이에 반해, 남성들은 여성의 일방적 노동 흐름이라는 투입물에 전적으로 의존하고 있다는 사실을 은폐하고 이 노동 흐름에 가공과 조작을 가하는 자로서의 권위와 권력을 보존하고자 물리적, 언어적 폭력까지 동원하고 있는 것입니다. 이는 바이러스라는 비인간 물질성에 대한 통제력과 예측력을 모두 잃어버린 상태, 즉 인간 전능성의 상실 국면을 가정 내 소수자들인 여성들의 신체에 대한 통제력 강화와 지배력 확대를 통해 상쇄하고자 하는 방어기제로 해석됩니다.

코로나19로 인한 아시아 여성 인종차별 폭행 증가

코로나19 팬데믹 사태로 인한 차별과 폭력의 양상은 가정이라는 영역에 국한되지 않고 사회 전반에 걸쳐 나타나고 있습니다. 팬데믹 사태는 인종적 범주의 소환을 통해, 코로나19 사태의 원인을 특정하고 이 범주에 속하는 이들을 식별해내어 오염원인 외부 집단과 보호받아야 할 내부 집단 간의 경계를 확정하고자 합니다. 그리하여 거리라는 공적 영역에서 팬데믹 시국의 원인을 아시아인 탓으로 돌리는 인종차별적 언사를 하거나 코로나19 바이러스와 아시아인을 등치시키는 폭언, 물리적 폭력 등이 행사되기도 했습니다. 인간의 시각계에 기입되지 않는 코로나19 바이러스라는 비인간 물질성을 아시아인으로 형상화할 때에, 비로소 이를 보이는 것, 즉 통제 가능한 것, 제압 가능한 것으로 만들 수 있다고 보기 때문입니다. 그리하여 미국, 이탈리아, 프랑스, 캐나다, 호주 등 전 세계에 걸쳐, 아시아인 대상 인종차별이 일어나게 되는데, 이는 주로 "아시아 여성들을 겨냥하는 방식"(이지영, 중앙일보, 2020.05.06.; Le Télégramme, 2020.02.29.; 뉴시스, 2020.07.06.; 조도혜, SBS NEWS, 2020.05.13.)으로 실행되었습니다. 이처럼 "아시아계 여성이 (아시아계) 남성보다 더 많이 차별 범죄에 노출"(KBS News, 2020.05.29.)된 것은 황인종이라는 피부색과 여성이라는 성별의 교차성으로 인한 것이었습니다. 여성의 신체는 근력적, 물리적 취약성으로 인해 공격당한다 할지라도 제대로 된 반격 자체가 아예 불가능한 몸이라는 선입견의 소산에서, 팬데믹 인종차별의 주된 공격대상이 아시아 여성으로 특정된 것이기 때문입니다. 이러한 측면에서, 팬데믹 사태에 의한 인종차별 현상에는 여성혐오적 국면이 강하게 침투해 있음이 입증됩니다.

뿐만 아니라, 코로나19 사태는 여성이라는 성별을 이유로 살해당한다는 의미의 페미사이드(femicide) 범죄를 사회 곳곳에서 낳았습니다. “스페인에서는 2020년 초반부터 3월 중순까지 18명의 페미사이드가 일어났었는데 이 사건들 중 몇몇은 코로나 바이러스가 발발한 동안 발생한 것이었습니다. 그리고 터키에서는 사회적 봉쇄령이 실시된 이후로 18명의 여성들이 죽임 당했는데 대부분은 그들의 집에서 살해당한 것이었습니다”(Weil, 2020). 또한 아르헨티나에서는 코로나 사태가 발발한 “3월 20일부터 5월 14일까지 최소 49명의 여성이 희생되었는데 이 같은 수치는 지난해 동기간 희생자 40명보다 많은 것은 물론이고, 2018년 동기간 희생자 숫자의 거의 3배에 달하는 것이었습니다”(윤고은, 연합뉴스, 2020.05.19.). 이를 통해, 코로나19 사태가 여성의 신체적 취약성과 사망률을 높이는 여성혐오적인 사회 재난의 형태로 나아가고 있음을 알 수 있습니다. 여성은 코로나19 바이러스에 감염되어 죽기도 하지만, 바이러스가 아닌 남성폭력이라는 구조적 폭력에 의해 사회적 장에서 사라져가고 있는 것입니니다. 그러나 이러한 여성의 죽음마저 팬데믹이라는 급박한 위기담론 앞에서 부수적인 사안으로 밀려나고 있습니다.

집단 감염 사례를 통한 여성의 주거 및 노동 조건 취약성의 실태

그렇다면 이제 코로나19 바이러스에 의한 집단 감염의 초기 사례들을 면밀히 검토해보도록 하겠습니다. 그 중 구로 콜센터와 대구 한마음 아파트 케이스를 심층적으로 들여다볼 필요성이 있습니다. 이 두 케이스 모두 감염자 대부분이 여성들이라는 공통점을 갖고 있습니다. 구로 콜센터의 경우, 매우 협소한 공간에 "1미터 남짓의 간격으로 다닥다닥 붙어 앉아" 일하도록 하는 근무 공간 배치방식부터, "하청과 비정규직, 저임금"(김혜경, BBC Korea, 2020.03.13.) 노동이자 여성 직군으로 성별화되어 있는 서비스 직종의 특성을 갖고 있습니다. 인간 개체의 몸과 비인간 사물들의 접합방식-마스크 착용을 했는가?, 공간 밀도가 낮은 개인 사무공간을 최소한 확보했는가?-에 따라, 코로나19 감염률도 상이하게 나타납니다. 즉 안전한 노동을 위한 근무 환경의 차원에서, 비인간 사물과 인간 간의 제대로 된 배치가 이루어져야 하는 것입니다. 구로 콜센터의 경우, 최소한의 공간에 최대 인원을 배치하기 위한 밀집 공간화 방식을 택함으로써, 바이러스의 집단 감염이 일어났었던 것입니다. 이 뿐만 아니라, "콜센터 업무 상, 전화응대의 기본이라 할 수 있는 정확한 목소리 전달을 위해, 마스크 착용이 제대로 이뤄지지 않"(하종민, 뉴시스, 2020.03.10.)은 점도 바이러스 전파의 주된 요인입니다. 나아가 해당 직종의 노동환경과 고용 구조는 전염병에 대한 대비책 하나 없이 설계되었을 뿐 아니라, 효율적 인력 감시를 위해 재택근무를 일체 허용하지 않는 경직된 근무 양식과 권위적 소통 양식을 그대로 따르고 있었다는 점도 감염 확산의 원인입니다. 구로 콜센터 집단 감염 사례를 통해, 여성 노동자 대부분이 종사하고 있는 서비스직의 불안정 고용형태와 여성 노동자들의 취약한 노동 환경이 높은 감염률의 원인이었음을 알 수 있습니다. 즉 여성의 사회적 노동 불안정성과 취약성의 구조가 팬데믹 패닉의 가장 약한 고리가 될 수 있음이 다시 한번 확인된 것입니다.

대구 한마음 아파트 케이스를 분석해 보면, 이 아파트는 35세 미만의 미혼 여성 근로자만 입주할 수 있는 임대 공동주택이었습니다. 많은 여성들은 고용 성차별에서부터 저임금, 불안정 고용형태, 성별 임금 격차, 유리천장, 경력 단절 등으로 인해, 경제적 안정을 취득하기 쉽지 않습니다. 고임금, 고수익을 누리기 어려운 성차별적 노동구조로 인해, 경제적 빈곤은 물론 주거 빈곤에 시달리는 여성들도 많습니다. 이러한 주거 불안정과 경제적 불안정으로 인하여, 심리적으로도 취약해졌을 미혼여성과 이혼 여성들에게 접근한 신천지는 이들에게 "생계를 책임지겠다고 한 뒤 임대 아파트 알선, 긴급 구호 등 정부 지원책 등을 상세하게 알려줌으로써 경제적 안정화를 꾀하게 하고, 그 이후 헌금을 유도"(한지연, 아시아 경제, 2020.03.08.)하고자 했습니다.

현 사회에서 여성 혼자서 경제적 자립은 물론 주거 독립을 단독적으로 이루어 내기란 매우 어렵습니다. 또한 생계에 유용한 정보에 대한 접근력은 한 개인의 문화자본과 경제자본 뿐만 아니라 인적 네트워크 등에 의존해 있거나 제약되어있는 구조입니다. 그러하기에 결혼제도나 지역 공동체 등에 속해있지 않는 여성들은 정보라는 자원의 격차를 겪기 마련입니다. 왜냐하면 "자원분배는 추상적 공간에 존재하는 것이 아니라, 인적 네트워크와 조직들처럼 항상 구체적, 사회적 존재와 긴밀하게 연관되어 있"(데란다, 2019: 114)기 때문입니다. 즉 이러한 유용한 자원에 접근할 수 없게 만드는 정보 격차로 인하여, 여성들은 자원 배분의 장에서 경제적 소외를 경험합니다. 또한 대부분의 주거 정책과 노동 정책, 세제 정책, 복지 정책은 4인 가구나 신혼부부 중심으로 개편되어있기에, 1인 가구 여성을 위한 제대로 된 주거 정책의 대안이 부재한 현실에서, 신천지가 내민 주거 안정과 경제적 자립을 위한 여러 정보들과 실질적 도움은 매우 효과적인 유인 기술이 되었을 것입니다. 하지만 이 임대 아파트는 생활방역조차 철저히 이루어지지 않는 열악한 주거환경을 가지고 있었습니다. 1인 가구 여성 노동자가 처해 있는 중층적인 취약성들에 대한 다각적 지원과 제도들이 제대로 작동할 수 있었다면, 이러한 집단감염 사태는 애초에 발생하지 않았을 것입니다. 여성의 불안정한 노동환경과 저임금은 열악한 주거환경으로 이어지며 이는 건강 악화를 낳음으로써 감염 위험률을 높일 수밖에 없는 악순환의 고리를 만들어냅니다. 이 사회가 지금껏 외면해 왔던 1인 가구 여성의 주거환경과 노동환경의 불안정성과 취약성이 사회적, 자연적 재난 현장이 될 수 있음을 팬데믹 연결망은 여실히 드러내어 주었습니다.

여성의 사회적 해고율

팬데믹 사태라는 위기 속, 가정이라는 배치를 존속하기 위하여 누구의 역량은 최소화되고 누구의 역량은 더 우선시되어야 하는가, 누구의 역량 강화를 위해 누구의 시간과 에너지는 이를 위한 매개체가 될 것인가 등을 결정하는 것은 항시 남성중심적 사회였습니다. 이로써, 위기 상황 속에서도 여성들은 희생적 몸이자 순응적 몸으로 생산됨과 동시에, 이를 사회적, 제도적으로 정당화하는 여러 효과들-돌봄노동과 임금노동을 병행해야 하는 육체적, 심리적 어려움, 사회의 노동구조가 여성들의 사회적 진출을 제도적으로 막는 방식, 여성의 경제적 취약성을 강화하고 사회적 해고율을 증가시키는 현상들-을 낳고 있습니다.

코로나19로 인해, 아동 및 청소년들의 대면수업 전환이 본격화되지 않음에 따라, 무급 휴가인 가족돌봄휴가에 대한 비용을 국가가 부담, 지급하게 되었고 이에 대한 신청자가 급증했습니다. 그런데 신청자 중 여성 비율이 64퍼센트를 차지(이영재, 연합뉴스, 2020.04.09.)했다고 합니다. 이 수치는 팬데믹 사회에서 가정 내 돌봄노동의 전담자가 여전히 여성이란 현실을 보여주는 지표이자 전염병 대유행 위기 상황에서 가정을 지키는 일이 여성의 우선적 역할이어야 함을 강조하는 위기담론과 전통적 성역할 기대치라는 정상가족 이데올로기가 결합된 중층적 압박에 의한 것으로 해석됩니다. 뿐만 아니라, 여성 노동자들이 주로 종사하는 요양과 돌봄, 급식, 청소 등의 서비스 분야에서 강제 휴직과 해고가 집중적으로 발생함으로써, 저임금, 임시직 여성 노동자들의 경제적 취약성은 더욱 강화되었습니다. 또한 "통계청이 발표한 2020년 3·4월 고용동향에 따르면 여성취업자는 지난 3월 전년 동월 대비 11만 5,000명 감소, 4월에는 29만 3,000명이 감소했습니다"(김성은, 우먼타임스, 2020. 05.20.). 팬데믹 시국으로 인하여, 여성 취업자의 수는 대폭 감소한 데

반해, 여성 비경제활동인구는 증가했는데 "2020년 1월 기준 1029만 7000명에서 4월 1099만 5000명으로 늘어나, 약 3개월 만에 69만 8000명이 증가하여, 남성의 1.5배에 달하는 증가 수치를 보였습니다"(오푸름, 조선에듀, 2020.06.11.). 비경제 활동 인구로의 편입 사유를 성별로 나누어 살펴보자면, "코로나19 이후 대다수 남성의 비경제활동 사유는 연로·심신장애·휴식 등으로 나타났지만, 여성은 대체로 가사와 육아 때문에 경제활동을 포기"(오푸름, 조선에듀, 2020.06.11.)하는 것으로 나타났습니다. 여성들은 돌봄노동의 의무와 책임으로 인하여, 노동시장으로부터 이탈할 수밖에 없었고 장기화된 경력단절의 수순을 밟게 되는 것입니다. 이러한 점에서, 임금노동 시장에서의 지속적 성장 기회 또한 남성과 동등하지 않은 방식으로 여성들에게 배분되어 있음을 확인할 수 있습니다. 그리고 통계청의 2020년 5월 고용동향에 따르면, "전년 동월 대비 남성 취업자는 1% 감소한 반면, 여성 취업자는 2% 감소"(통계청, 2020: 9)함으로써, 팬데믹 시국 속 노동시장에 대한 진입장벽이 여성들에게 더 높아지고 있음을 보여줍니다. 또한 2020년 5월 고용동향에 따르면 "전년 동월 대비 남성의 실업률은 6.8% 증가한 반면, 여성의 실업률은 18.9%나 증가한 것으로 나타났습니다"(통계청, 2020: 14). 여성의 실업율이 남성에 비해 매우 높게 나타난 것은 팬데믹 사태가 노동시장에서 노동자로서의 여성의 지위를 약화시키고 있을 뿐만 아니라, 여성을 사회적 해고 1순위로 둠으로써 구조적 배제를 가동하고 있음과 동시에, "돌봄노동의 부담으로 인한, 비자발적 고용이탈"(장은하, 김희, 2020: 3) 압박을 여성에게 매우 강하게 가하고 있음을 뜻합니다.

이 사회 속에 살아가고 있는 모든 존재자들은 다능성(多能性, pluripotent)(Bryant, 2014: 23)이라는 특질을 갖고 있습니다. 다능성이란 “다양한 방식으로 자신을 현실화”(브라이언트, 2020: 49)할 수 있는 능력을 뜻합니다. 그런데 이 사회에서 유독 여성들은 이러한 다중적 역능 실현에 제약을 받는데, 왜냐하면 이 사회의 다양한 배치들과의 접속을 통한 역능 생성의 기회를 갖지 못하는 경우가 많기 때문입니다. 여성을 가정이라는 배치 속 돌봄노동에 특화된 존재로 규정하거나 돌봄노동을 여성의 최우선 역할과 기능으로 본질화할 때에, 노동시장 진입과 재진입 자체는 여성에게 있어 부수적인 것으로 여겨집니다. 또한 언제든 가정으로 돌아와 돌봄노동을 책임져야 하는 존재로 여기게 만듭니다. 설령 노동시장에 진입한다 할지라도, 가사노동과 병행할 수 있는 저임금, 비정규직, 서비스 노동 영역에 여성의 몸이 배치되는 반복적, 전형적 방식을 통해, 성별 노동분업과 “성별 직업 분리”(한국여성노동자회, 2017)가 가정은 물론 사회 전체에 굳게 자리 잡게 만듭니다. “임금과 사회적 지위가 높은 직종인 행정 관리직, 전문 직종에는 여성의 분포가 낮고, 임금과 사회적 지위가 낮은 판매직, 서비스직에 여성의 분포가 높게 나타난다는 점”(한국여성노동자회, 2017)이 노동시장에서의 성별 직업분리의 양상입니다. 팬데믹 사태는 이러한 성별 노동분업과 성별 직업 분리 구조를 가정과 사회 속에서 재확인하게 만든 계기이자 노동자의 전형이 여전히 남성, 세대주, 가장, 중장년층 중심으로 구축되어 있음을 여실히 보여주었습니다. 전형적 노동자성을 지니지 않았다고 판단되는 이들-여성과 청년, 임시직, 일용직[3]-을 제일 먼저 노동시장에서 쫓아내는 방식을 통해, 여성들은 팬데믹 연결망을 노동재난과 경제적 빈곤의 굴레로 힘겹게 관통하고 있습니다.

긴급재난지원비의 세대주 지급을 통한 여성의 경제적 의존성 강화

코로나19의 장기화로 인하여, 경제적 활동과 산업 위축, 실업과 해고, 무급휴직 등이 증가하자 정부는 긴급재난 지원비의 형태로 시민들의 불안감과 위기의식을 상쇄하고 사기를 진척시키며 소상공업자들을 위한 소비심리 활성화를 도모하고자 했습니다. 정부는 긴급재난 지원금을 "코로나19라는 유례없는 위기에 대응하여 국민 생활 안정과 위축된 경제 회복을 위해 정부가 제공하는 국민 안전망"(정부 24, 2020)으로 정의 내렸습니다. 하지만 이러한 국민 안정망의 수혜를 누릴 수 있는 이가 세대주로만 한정됨으로써 여전히 가부장적인 행정수준과 다양한 주거와 생계 관계들의 복잡한 생태에 대한 인식 미비를 그대로 드러내었습니다. 긴급재난지원비의 수령 자격자인 세대주(世帶

3) (배문순, 헤럴드 경제, 2020.04.27.) "업종별로 보면 청년과 여성이 주로 일하는 서비스업 일자리가 코로나19의 직격탄을 맞았다. 지난달 도소매업, 숙박·음식업과 교육서비스업 취업자는 모두 37만7000명 줄었다. 이 업종들은 코로나19로 매출이 크게 감소하자 아르바이트생 등 직원들을 줄인 것으로 보인다. 고용기간이 짧은 임시직과 일용직 취업자도 지난달 59만3000명 감소해 역대 가장 큰 폭으로 줄었다."

主, a householder)라 함은 "현실적으로 주거 및 생계를 같이 하고 있는 사람의 집단인 세대의 대표자 내지 관리자"로서 "가구주(家口主)와 같은 뜻으로 사용"(홈텍스 용어사전)됩니다. 주민등록표 상에 자신의 이름을 대표로 올릴 수 있다는 것 자체가 이미 가족 구성원 내에서 누리는 권위와 권력이 다른 세대원에 비해 더 높을 수 있음을 상징합니다.

만약 세대주가 주거 공간을 유지하는 비용을 지불함과 동시에, 생계 부양력을 갖고 있다면, 세대원과의 권력 격차는 당연히 발생할 수밖에 없으며, 이로 인해 긴급재난 지원비의 공평한 분배가 제대로 일어나지 않을 수 있습니다. 즉 세대주가 세대원들을 위하여 이 금액을 함께 사용하지 않고 혼자 착복해버리는 독식 현상이 충분히 일어날 수 있음을 정부는 간과해 버렸습니다. 이 뿐만 아니라, 세대주인 남편이 재난지원비 카드를 수령하고 있기에, 매번 생계형 소비를 위해 남편의 허락을 받아 카드를 사용해야 하는 여성의 경우, 남성에 대한 경제적 의존성을 매번 확인함으로써, 심리적 의존성마저 공고히 하는 사태로 작용할 수 있습니다. 또한 세대주의 물리적, 언어적, 성적 폭력으로 인하여, 세대주로부터 도망쳐 나와 어렵게 살아가고 있는 세대원들-여성과 아이들-의 경우, 그 누구보다도 더 긴급하게 재난지원비 혜택을 받아야 할 이들이 정작 수혜를 전혀 누리지 못하는 경우도 존재합니다. 그리고 공동 거주와 공동 생계 관계는 이미 정리하였지만 주민등록표 정리를 아직 하지 않은 별거 상태이거나 이혼소송 중이거나 이혼했으나 아이들의 건강보험 피부양자 관계를 유지 중인 경우엔 재난지원비가 이러한 이들에

계로 수령되는 길이 막혀버리는 사태가 발생합니다.

국민 안전망의 그물코에서 빠져나가버리는 이들이 여러 케이스에서 발생하는 것에 대한 이의제기들이 잇따르자, 행정안전부는 "가정 폭력이나 아동 학대 피해자거나, 이혼했지만 아직 건강보험 피부양 관계자를 정리하지 않은 경우에는 세대주가 아니어도 긴급 재난비 신청이 가능함"(이철호, KBS, 2020.05.08.)을 예외조항으로 도입하였습니다. 그러나 많은 경우 남성이 세대주로 등록되어있는 한국 사회에서, 세대주에게만 긴급재난 지원비를 지급하는 복지정책은 여전히 여성의 경제적 의존성을 높이고 경제활동으로부터 여성 소외를 만든다는 점에서, 가부장적 복지정책의 맹점을 그대로 보여주었습니다. 팬데믹 사태는 4인 가구 중심의 가족주의적 복지정책에서 벗어나, 1인 중심의 개인 복지정책이라는 새로운 형태의 사회복지제도를 도입해야 할 시점에 도달했음을 보여줍니다.

여성주의적 재난 대응방안

그렇다면 이러한 팬데믹 위기 상황을 넘어서기 위한 방안은 과연 무엇일까요? 첫 번째로 팬데믹 사태 속, 여성의 몸이 관통하고 있는 재난 취약성의 특성들과 유형들, 규모들을 성별 분리 데이터로 수집, 분석, 연구해야 하며, 이러한 성 인지적 관점을 바탕으로 재난 정책들이 구체적으로 마련되어야 합니다. 그래야만 현재 여성들이 겪고 있는 중층적 재난피해상황을 또 다시 반복되지 않게 할 수 있습니다.

두 번째로 재난 시스템은 물론 정치사회경제 전반의 조직 체계에서 여성들이 의사결정권자로서 정책 제안과 결정, 실행을 해나감으로써, 남성중심적 사회 생태계 자체를 바꾸어야 합니다. 그럴 때에만 재난 상황에서도 성 평등이 실현될 수 있기 때문입니다. 이는 여성의 몸을 사적 공간이나 임시직, 하부계급이라는 조직 내의 전형화된 자리에 접속시키는 것에서 벗어나, 이 사회의 근본적 불평등 구조를 변화시키기 위한 것입니다. 왜냐하면 재난은 이 사회의 가장 취약한 고리를 파고드는 것이기 때문입니다. 즉 코로나19라는 위기 상황이 사회 구조의 부조리들을 전면적으로 바꾸어내는 변화의 시점이 되기 위해서는 여성들이 코로나19 사태 속 어떠한 피해에 노출되어있는가에 대한 명확한 실태조사와 이를 바탕으로 재난 성차별이 심화되지 않도록 하기 위한 여러 조치들이 여성주의적 관점을 바탕으로 실행되어야 할 것입니다. 유례없는 재난 상황 속, 국민의 절반인 여성이 더 고통받지 않는 평등한 사회의 미래, 바로 우리가 함께 만들어나가길 바랍니다.

■ 참고자료

김성은, “코로나19로 여성노동자들이 가장 먼저 힘들어진다”, 우먼타임스(2020.05.20.). https://www.womentimes.co.kr/news/articleView.html?idxno=50709

김영란·선보영·김필숙, 『가사노동시간 측정 및 행동평가 기준의 젠더불평등성 개선방안』, 한국여성정책연구원, 2018.
김혜경, “코로나19: 집단감염 사태로 드러난 콜센터의 민낯”, BBC News Korea(2020.03.13.).
https://www.bbc.com/korean/features-51867202
뉴시스, “‘욕설에 침뱉고 폭력도’…미국, 아시아계 혐오범죄 급증”, 뉴시스(2020.07.06.).
https://www.donga.com/news/Inter/article/all/20200706/101841880/1
마누엘 데란다, 김영범 옮김, 『강도의 과학과 잠재성의 철학』. 그린비, 2009.
류인하, “서울시 2040 워킹맘 ‘코로나19’ 부당해고 위기…절반 이상 스트레스 고위험군”, 경향신문(2020.05.19.).
http://news.khan.co.kr/kh_news/khan_art_view.html?art_id=202005190917001#csidxb63bf2a5b994d5f8d9d041e4a976e6c
레비 브라이언트, 김효진 옮김, 『존재의 지도』, 갈무리, 2020.
이영재, “가족돌봄휴가비 신청 6만건 넘어…1인당 최대 50만원 지급”, 연합뉴스(2020.04.09.).
https://www.yna.co.kr/view/AKR20200409062100004
이지영, “아시아女 얼굴에 별안간 주먹질···캐나다 코로나 증오범죄 속출”, 중앙일보(2020.05.06.).
https://news.joins.com/article/23770382
이철호, “세대주 아니어도 정부 긴급재난지원금 신청 가능해진다”, KBS NEWS(2020.05.08.).
https://news.kbs.co.kr/news/view.do?ncd=4441959
오푸름, “코로나로 직장 쉬거나 관두는 여성 급증…돌봄 공공성 강화해야”, 조선에듀(2020.06.11.).
http://edu.chosun.com/site/data/html_dir/2020/06/11/2020061103002.html

윤고은, “코로나 봉쇄의 비극…아르헨티나 ‘여성 살해; 10년래 최악”, 연합뉴스(2020.05.19.).
https://www.yna.co.kr/view/AKR20200519051800009

장은하·김희, 「코로나19와 성 불평등: 해외 사례를 중심으로」, 『KWDI Brief』 54, 한국여성정책연구원, 2020.

조도혜, “머리 뜯고, 침 뱉고…캐나다에 퍼지는 ‘아시아 여성’ 혐오 범죄”, SBS NEWS(2020.05.13.).
https://news.sbs.co.kr/news/endPage.do?news_id=N1005787033

통계청, 「2020년 5월 고용동향」(보도자료), 통계청(2020.06.10.).
http://www.kostat.go.kr/portal/korea/kor_nw/1/1/index.board?bmode=read&aSeq=382910

하종민, “구로구 콜센터는 왜 서울 최대 집단감염지 됐나…마스크 미착용·공간협소”, 뉴시스(2020.03.10.).
https://newsis.com/view/?id=NISX20200310_0000949795

한국여성노동자회, “성별 직업 분리 실태와 변화추이”, 한국여성노동자회(2017.06.13.).
http://kwwnet.org/?mod=document&uid=210&page_id=4517

한지연, “대구 한마음아파트, 왜 집단감염지 됐나?”, 아시아경제(2020.03.08.).
https://www.ajunews.com/view/20200308152217490

BBC News Korea, “코로나19: 유럽 내 봉쇄조치로 가정폭력 피해 급증...한국의 경우는?”, BBC News Korea(2020.04.14.).
https://www.bbc.com/korean/ features-52279331

Bryant, Levy. R. *Onto-Cartography An Ontology of Machines and Media*, Edinbergh: Edinbergh University Press, 2014.

KBS NEWS, “코로나19 확산 후 아시아인 혐오 범죄 급증”, KBS NEWS(2020.05.29.).
https://news.kbs.co.kr/news/view.do?ncd=4457937

Le Télégramme, "Coronavirus : une jeune fille d'origine asiatique agressée dans la rue à Auray", Le Télégramme(2020.02.29.). https://www.letelegramme.fr/dossiers/lepidemie-de-coronavirus/coronavirus-une-jeune-fille-d-origine-asiatique-agressee-dans-la-rue-a-auray-29-02-2020-12514370.php

Massey, Doreen. *For space*, Los Angeles: Sage, 2005.

UN NEWS, "UN chief calls for domestic violence 'ceasefire' amid 'horrifying global surge'", UN NEWS(2020.04.06.). https://news.un.org/en/story/2020/04/1061052

Weil, Shalva. "Gendering - Coronavirus (Covid-19) and Femicide", ESA(2020.06.02.). https://www.europeansociologist.org/issue-45-pandemic-impossibilities-vol-1/gendering-%E2%80%93-coronavirus-covid-19-and-femicide

기후위기시대의 여성과 공동체

장이정수
(여성환경연대)

이만하면 충분하다

나는 도시에서 나고 자랐다. 아버지는 전쟁 전에 일찌감치 서울에 와서 쌀가게를 하셨고 어머니는 전업주부였다. 말이 전업주부였지 자영업이 그렇듯이 가게를 같이 보고 시어머니와 네 아이, 가게에서 일하는 친척까지 삼시세끼 밥을 해야 하는 고된 살림살이였다. 어머니는 고등학교 입학식 날 언니만 자장면을 사주고 본인은 돈이 아까워서 차마 먹지 못했다. '어머니는 자장면을 싫다고 하셨어' 바로 그 얘기다. 본인은 다녀보지 못한 고등학교에 딸을 입학시키고 그 딸이 자장면을 맛있게 먹는 모습을 지켜보는, 지금의 나보다 훨씬 어린 40대 초반의 여성을 상상해본다. 내게 70년대는 그런 모습이고 우리 세대의 대부분이 겪은 공통의 경험 중 하나다. 둘이나 셋이 와서 한 그릇 적게 시킨 집이 얼마나 많았을까. 그리고 대개 그 한 그릇은 어머니라는 이름을 가진 여성이었을 것이다.

'우리나라는 석유 한 방울 안 나기 때문에'로 시작하는 훈시는 참으로 다양했다. 석유가 안 나서 혼식을 해야 하고 석유가 안 나서 노동조합은 안 되고 석유가 안 나서 통일도 안 되고 석유가 안 나서 새벽종이 울리면 골목을 쓸어야 했다. 당시는 오일쇼크를 두 번이나 겪은 시기였다. 근검절약이 국가의 법이었고 없으니까 딱 그 정도로 쓴 것이다. 새 옷은 명절에만 살 수 있고 가방은 6년을 들고 다녀야 하고 신발은 작아서 못 신거나 밑창이 떨어져야 새로 얻을 수 있었다. 비닐봉지도 귀했고 쓰레기도 귀했다. 나는 어머니가 살림살이를 하나씩 장만하던 그 과정을 기억한다. 검은색 전화기, 금성텔레비전, 금성냉장고, 짤순이 순서였다. 하나씩 살림살이를 들여놓을 때마다 온 가족이 기뻐했다. 살림살이처럼 고기도 사이다도 정말 맛있는 라면도 특별한 날에 조금씩 먹을 수 있었다. 단지 교회에서 초코파이와 야쿠르트를 주기 때문에 갔다. 어린이에게 그 이상의 큰 유혹은 없었다.

초등학교 4학년 때인 1977년에 한국은 100억불 수출을 '달성'했다. 어린이 잡지 메인 화면에 100억불 수출 축하 특집만화를 아직도 기억한다. 너무나 강렬한 인상이었나보다. 머리는 자급경제와 순환경제, 제 3세계와 내부의 식민지를 착취하지 않는 평등한 생태경제를 꿈꾸지만 우리 몸에 각인된 어떤 유전자가 여전히 수출을 걱정하고 있는 것을 발견한다. '경제 성장이 안 되면 우리는 풍요롭지 못할 것인가'의 질문처럼 우리 모두는 경제성장과 풍요를 같은 선에 놓기 때문이다.

로버트 디에츠는 '이만하면 충분하다'고 이미 지구가 생태용량을 초과했다고 말한다. 월드워치연구소는 만약 저임금 생활수준으로 산다면 지구는 대충 136억명을 먹여살릴 수 있지만 미국식으로 산다면 14억명 밖에 살 수 없다고 말한다. 어쩌면 우리가 상상해야 하는 물질적 세계는 70년대와 80년대 사이의 어떤 모습이 아닐까. 어느 정도가 되어야 충분하다고 느끼게 될까. 어린 시절의 가족과 지역사회를 돌아보면 자원이 빠듯했지만 한편으로는 드라마 '응답하라 1988'처럼 그곳에는 이웃에 대한 경멸이 없었던 것 같다. 민주주의도 없고 국가의 복지도 없고, 교육도 엉망진창이고 폭력적이어서 결코 되돌아갈 수 없지만 지금이 그때보다 더 나은 사회인지는 자신이 없다. 매일 100원씩 새마을금고에 저금하면서 나 역시 미래를 성실하게 준비했다. 정말 성실하게 일하고 자원을 절약했던 사람들이 성장의 시대를 만들었고 80년대 민주화운동의 가치를 지지하면서 조금씩 평등하고 자유로운 사회를 꿈꾸어왔다.

유럽의 일부 국가들이 '침묵의 봄'을 거쳐 '성장의 한계'를 말하고 지속가능한 발전을 얘기할 때 한국사회는 이제 막 성장을 시작했다. 삼시 세끼 쌀밥에 고기를 먹고 자동차를 굴리고 해외여행을 갈 수 있는 사람들이 늘어나기 시작했다. 성장은 곧 풍요를 의미했기에 멈출 수 없었다. IMF가 한국 경제는 이제 신자유주의 손에 들어왔음을 공식 선언할 때까지도 국민들 대다수는 세계화가 뭔지, 신자유주의가 뭔지 몰랐다. 최소한 나는 그랬다. 그러나 이제는 GDP중심의 물질적 풍요가 좋은 삶을 준다는 생각에서 벗어나야 하지 않을까. 더 성장해야 과실을 나눈다는 국물이론이 틀리다고 증명된 지 오래다. 이제 파이를 키우기보다 나눠야 하지 않을까, 이만하면 충분하지 않을까.

여성의 눈으로 환경문제를 보다

90년대는 한국사회 시민운동이 폭발적으로 증가한 시기였다. 노동운동을 당연하게 여겼던 학생운동 출신들이 민주화 이후 제도변화에 에너지를 집중했다. 여성운동, 환경운동, 인권운동, 문화운동 등 다양하게 분화되고 새로운 운동 주체들이 생겨나기 시작하였다. 한국의 환경운동은 80년대까지 빨갱이나 반체제인사로 몰리다가 80년대 말 급격하게 증가한 환경오염 사건을 통해 공해추방운동연합 등으로 조직되기 시작한다.

영화 <삼진그룹 영어 토익반>은 두산전자의 페놀 유출을 모티브로 직장 내 여성노동의 차별과 국제자본의 먹잇감이 되는 한국 기업의 이중적 모습을 보여주고 있다. 영화 속 시간은 1995년이지만 실제 1991년 발생한 페놀 유출사건은 환경문제에 사회적 관심이 커진 계기가 된다. 두산전자 역시 수출기업이라는 이유로 정부가 눈감아 주었던 것이다. 이후 환경운동가들이 1992년 브라질 리우에서 열린 리우환경개발회의에 참여하여 국제적인 흐름을 타고 환경운동연합, 녹색연합 등의 환경단체를 설립하게 된다. 영화 속 1995년은 여성운동에서 중요한 4차 세계여성대회가 북경에서 열린 해인데 이때 '여성과 환경' 분과에 참여한 여성들이 환경운동과 여성운동의 통합적 관점을 고민하면서 1999년에 여성환경연대를 결성한다.

초기 여성환경연대는 환경운동 내의 가부장성을 비판하고 여성운동과 환경운동을 연결하는 실천적 에코페미니즘을 선언하고 운동을 시작하였다. 국가의 개발주의에 반대하는 투사역할과 조용한 환경청소부 역할도 마다않겠다는 선언문에서 알 수 있듯이 환경문제와 젠더문제를 통합적으로 보고 현실에서 운동의 지점을 찾으려고 노력하였다. 여성환경운동은 지금의 사회가 자연과 여성을 착취한 결과이며 환경오염이 여성과 남성에 미치는 영향이 다르다는 점을 밝히고 돌봄의 자급사회를 지향한다.

여성환경연대에서 내가 처음 젠더 관점으로 해야 했던 첫 번째 미션은 생태교육이었다. 생태교육에 젠더 관점을 결합한다는 것이 말처럼 쉽지 않았다. 농촌이나 어촌을 고향으로 갖지 못한 도시 출신의 30대 여성에게 입시보다도 광대하고 힘든 것이 에콜로지(생태)다. 생태교육의 범위는 비오톱부터 초본, 목본, 곤충, 새, 수생태계와 기후와 우주까지 끝이 없었다. 게다가 조금만 깊이 들어가면 농촌과 먹을거리가 나오고 옷이 나오고 집의 환경호르몬이 나온다. 조금 더 들어가면 에너지와 탈핵이 연결되어 있다. 처음엔 재밌었는데 하면 할수록 어려웠다.

생태교육 하는 선배들의 자문을 얻어 여성생태안내자 양성과정을 진행하였다. 많은 고민 끝에 지역에서 모둠별로 참가자를 모집하였고 교육 과정의 절반 이상을 여성강사로 채우고 생태적 감수성을 기르는 데 초점을 두었다. 그리고 나름 체계적으로 자연 생태계를 이해할 수 있도록 풀과 나무, 곤충, 새 그리고 도시 속의 작은 산과 공원의 역할 등의 프로그램을 짰다. 나는 그 때 완전히 생태맹(盲)이었다.

봄에 이팝나무가 하얗게 핀다. 보릿고개에 그 꽃이 쌀밥(쌀밥을 이밥이라 한다) 같았다고 해서 붙여진 이름이다. 얼마나 배고팠을까. 잔가시가 잔뜩한 며느리밑씻개나 며느리밥풀꽃 같은 며느리 붙여진 꽃들에서 여성의 삶을 유추하고 아주 작아서 눈에 안 띄는 꽃들의 이름을 알게 되었다. 나쁜 곤충은 없다는 것도, 이름 없는 꽃은 없다는 것도 그때 알게 되었다. 노동자의 아주 최소한의 건강을 위해 영주가 자신의 땅을 열어서 조성된 공원의 기원과 도시계획에서 공원이 왜 중요한지도 알게 되었다. 우물이나 냇물은 노동과 소통의 공간이자 마을의 공유지 역할을 한다는 것도 알았다.

처음에는 개별적인 현상이나 이름에 연연하여 전체적인 자연이 눈에 들어오지 않았다. 도감 들고 화학공식 외우듯이 나무 이름과 풀 이름, 새 이름 식별에 바빴다. 때론 스트레스가 되기도 하였다. 도시인에게 에콜로지가 암기과목이 된 것이다. 시간이 한참 흐른 뒤에야 생태감수성과 젠더감수성이 맞닿아 있다는 것을 깨닫게 되었다. 자본주의는 자연을 주어진 것으로, 공짜로 여겼고 근대적 사고는 자연을 파헤치고 마음대로 써도 되는 인간이 지배해야 할 대상으로 만들었다. 동시에 여성이 제공하는 일이나 돌봄 역시 무상의 것으로 가치가 낮은 것으로 여겨졌다. 상품이 되는 모든 것은 자연에서 시작되지만 그것의 지속가능성은 돌보지 않고 소비하듯이 여성 역시 자연처럼 소모되고 있다는 것을 알았다. 자연과 여성은 생명과 사회를 지속시키는 역할을 하면서도 인정받지 못하고 삭제되고 있었다.

자연생태계는 치밀하게 서로 연관되어 있고 상호작용을 통해 유지된다. 지구의 물과 우리 몸의 물의 비율이 비슷하다. 일정한 온도를 유지하고 생명을 품고 기른다. 코로나19에 대해 우리가 추측하는 것은 단지 야생동물의 서식지가 파괴되고 박쥐 등이 공장식 축산의 가축들에게 바이러스를 옮기고 그것이 전 세계에 확산된 대략적인 경로 정도다. 이것이 어떤 새로운 변이를 낳고 얼마나 자주 반복될지 혹은 문명을 한순간에 몰락시킬지 알 수 없다. 그렇기 때문에 우리는 겸허하게 자연의 지속가능한 범위 내에서 살아갈 수 있는 방법을 찾아야 한다. 그리고 그 속에서 가장 많은 고통을 겪고 있는 약자를 찾아내어 피해를 최소화할 수 있어야 한다.

지구와 연결되어 있는 일상

'환경이 아프면 몸이 아프다'라는 말은 많은 환경운동의 시작점이 되기도 하였다. 그러나 우리는 안타깝게도 자연의 고통을 잘 인지하지 못한다. 살아있다고 느끼지 못하기 때문이다. 자연의 죽음이 사람의 몸에 영향을 미칠 때 비로소 깨닫곤 한다. 몸의 한 부분이 아프면 알아채라고 다른 부위에 신호를 보낸다. 그 신호를 무시하는 경우가 종종 있다. 우리는 자연이 보내는 수많은 신호를 무시한다. 자연과의 연결을 잃은 채 우리는 일상을 살아낸다. 마찬가지로 자본주의는 내가 먹는 옷과 먹을거리가 어떻게 만들어져 내게 오는지 그 모든 이력과 과정을 삭제한다. 보이지 않도록 하는 것이다. 그 불편한 과정이 보이지 않게 되고 구조적으로 외면하는 것이 현대 도시의 삶이다. 지금의 위기는 우리가 그들과의 연결을 볼 수 없다는 점이다.

■ 매일 입는 옷

2013년 4월 24일 방글라데시의 수도 다카 인근에서 불법 증축으로 사용되던 9층짜리 라나플라자가 붕괴되었다. 해외 의류업체의 옷을 만들고 있었던 봉제 여성노동자들 3천여 명이 사망하였다. 여성들은 월 5만 원 남짓한 급여를 받으면서 세계 의류시장의 가장 밑바닥에서 일하다 참변을 당했다. 70년대 청계천에서 일하던 한국의 여성들처럼 국가의 제재가 없고 더 값싼 임금과 자연을 찾아 지구를 누비는 다국적 기업의 희생양이 된 것이다. 면 티셔츠 한 장은 물 2,700리터를 소비한다. 전 세계의 화학비료와 살충제 10%가 면화산업에 쓰인다. 그리고 주변의 토양과 물을 오염시킨다. 농부들에게 치명적인 영향을 미치고 면화를 따는 아동과 여성의 손을 거쳐 방글라데시의 저임금 공장에서 만들어지고 있다. 한 장의 티셔츠는 패스트패션이란 이름으로 빠르고 싸게 지구를 돌아 모든 과정에서 이산화탄소를 배출한다. 아시아의 땅과 물을 오염시키고 농민과 여성노동자의 손을 거쳐 우리는 단돈 1만 원, 혹은 몇천 원에 옷을 산다. 석유, 석탄 등을 원료 등을 화학 처리하여 만든 합성섬유 역시 가공과 염색 전 과정에 걸쳐 환경오염과 노동자의 희생을 통해 만들어진다.

■ 한 끼 식사와 커피

한국은 식량 자급률이 OECD에서 가장 낮다. 사료를 포함한 자급률은 21%대에 불과하다. 쌀을 빼고는 거의 모든 것을 수입에 의존한다. 게다 아직 안전이 확실하지 않은 GMO콩이나 옥수수 등을 세계에서 가장 많이 수입한다. 커피 한잔은 물 132리터가 소요된다. 재배에서 커피 한 잔이 되기까지 물발자국의 양이다. 대부분 적도 지방이나 가난한 나라들의 숲을 베고 사막화한 대가이다. 라면이나 샴푸에 들어있는 팜유를 얻기 위해 인도네시아의 숲을 태운다. 지구의 공기청정기라 불리는 맹그로브 숲을 없애고 새우를 양식한다. 잘 사는 나라의 한 끼 식사를 위해 전 세계의 바다와 숲과 노동자를 착취한 시스템이 연결되는 것이다. 논은 이산화탄소를 흡수하는 기능을 한다. 토종종자를 특허 내는 다국적 식량 기업과 싸우는 반다나 시바는 매년 농지를 1%씩 늘려가면 농지가 질소를 고정하여 기후위기 문제를 해결할 수 있다는 제안까지 한다. 실제로 세계 식량의 3분의 1이 버려지고 있다. 화학비료와 살충제를 쓰는 관행농이 아닌 유기적인 농사는 땅의 힘을 되찾고 사람과 지구를 건강하게 하는 역할을 할 수 있다는 것이다. 식량을 만드는 일이 자동차나 핸드폰보다 더 중요한 문제가 될 수는 없을까?

■ 과도한 육식

육식은 기후위기 뿐만 아니라 건강과 윤리적 관점에서 비판을 받고 있다. 불과 반세기 만에 인구의 10배 이상의 동물을 먹기 위해 아마존 숲을 태우고 잔인한 공장식 케이지로 인한 동물

학대, 비인간적인 이주노동자의 문제까지 육식은 거대한 산업의 톱니바퀴 속에 있다. 롭 월러스는 전 세계 돼지고기의 절반을 소비하는 중국의 공장식 축산이 코로나19 바이러스의 진원지가 되었다고 주장한다. 야생동물의 서식지가 사라지고 면역력이 떨어져 항생제로 길러지는 돼지와 닭 등에서 국지적인 감염지가 발생하고 세계화된 물류와 이동으로 바이러스가 빠른 시간 안에 전 세계로 확산된 과정이 팬데믹의 원인이라는 것이다. 페미니스트들은 육식이 역사적으로 권력의 문제였고 동물과의 상호작용을 거세한 도살이며 우유, 계란 등 동물의 여성성뿐 아니라 동물의 여성화를 통한 착취라고 비판한다. 돼지를 직접 도살하라고 하면 할 수 없을 것이다. 식품산업은 그 과정을 생략시킨다.

■ 집과 시멘트

우리는 절반 이상 아파트에서 살고 아파트를 열망한다. 30년 이상 되면 노후건축물이 되고 40년 이상 되면 철거해야 할 건물이 된다. 수백 년 된 유럽의 건축물을 부러워하면서도 집은 플라스틱의 생애만큼이나 짧다. 이렇게 철거되는 건축폐기물은 대부분 매립지로 간다. 시멘트는 자갈과 모래를 섞어 만든다. 아름다운 강모래가 사라진 지 오래다. 바다모래는 해양생태계에 큰 영향을 미치기 때문에 더 이상 채취할 수 없어 산을 파헤치고 채석장의 돌을 깬다. 처리하기 곤란한 수입한 쓰레기와 유독 쓰레기를 태워 시멘트를 만든다. CNN에 보도되었던 의성의 쓰레기 산은 결국 시멘트 만드는 곳으로 갔다. 시멘트가 굳지 않도록 유독성 물질로 혼화제를 넣는다. 지정폐기물보다 더 발암물질이 많은 재료로 집을 짓고 건물을 올린다. 우리는 여전히 공항과 도로와 아파트를 짓는 시멘트 산업만이 우리의 삶을 좋게 할 것이라는 생각에서 벗어나지 못하고 있다. 시멘트 산업은 이산화탄소 배출 10위 안에 들어있다. 더 오래 쓰고 고쳐 쓰고 자연의 일부로 살아갈 수는 없을까.

■ 플라스틱 시대

플라스틱은 너무나 편리하다. 지구에 뚜렷한 흔적을 남긴다 하여 플라스틱세라는 말도 있다. 2016년 EUROMAP에서 발표한 '세계 63개국의 포장용 플라스틱 생산량 및 소비량 조사'에서 한국은 1인당 132.7kg으로 벨기에와 대만 다음으로 많이 사용하고 있었다. 대부분의 플라스틱은 분류의 어려움과 위생 등으로 10%도 재활용되지 못하고 폐기물이 되어 매립되거나 소각된다. 인류가 쓴 모든 칫솔은 소각되지 않았다면 지구에 그대로 남아 있다. 플라스틱은 가볍고 편리하지만 그 편리함을 위해 수많은 화학첨가물이 들어가 있고 그로 인해 많은 건강의 문제도 일으킨다. 무엇보다 500년 이상 자연에서 사라지지 않는다. 태평양에 떠 있는 한반도 열 배 크기의 쓰레기 섬의 대부분은 플라스틱이다. 잘게 부서진 미세플라스틱은 강과 바다를 오염시키고 다시 우리 인간의 몸으로 돌아온다. 플라스틱 쓰레기는 가난한 나라로 수출되고 그 쓰레기더미를 분류하며 살아가는 사람들이 있다.

이러한 목록은 끝이 없다. 해마다 600억 개 이상이 중국에서 만들어지고 버려지는 나무젓가락, 핸드폰에 들어가는 콜탄을 위해 끊이지 않았던 콩고민주공화국의 내전 등 어쩌면 우리의 일상은 평화로워 보이지만 날마다 전쟁을 치르고 있는지 모른다. 우리가 일상에서 먹고 마시고 쓰는 상품화된 모든 것들은 정말 필요한 것들이 있고 과도한 욕망을 부추기는 것도 있다. 고립된 삶은 더 많은 소비를 부추긴다. 더 많은 외로움과 더 많은 소비는 그로 인해 이윤을 얻는 신자유주의의 목표이자 결과이다.

덜 소비하고 더 존재하라

실제로 한국사회는 날마다 전쟁이었다. IMF 이후 신자유주의는 극에 달했고 정규직과 비정규직의 격차가 더욱 벌어졌다. 남성 정규직과 여성 비정규직의 격차는 하늘과 땅이었다. 여성의 학력과 취업률이 높아짐에도 여전히 여성의 지위는 낮았고 돌봄의 민주적인 배분은 좀처럼 이루어지지 못하고 있다. 돌봄을 가족, 특히 여성에게 전담하는 것이 불가능해지자 국가의 사회적 책임요구가 거세어졌고 서서히 시장영역으로 돌봄이 이전되기 시작하였다.

기업의 CEO가 대통령이 되고 뒤이어 대통령의 딸이 대통령이 되었다. 수많은 날을 길거리에서 보냈다. 미국산 쇠고기를 반대하고 4대강을 반대하고 대추리의 미군기지와 강정의 해군기지를 반대했다. 후쿠시마 원자력 발전소가 폭발하고 밀양의

송전탑을 반대하러 할머니들과 산에도 올랐다. '전기는 눈물을 타고 흐른다'. 도시의 아름답고 무심한 불빛이 얼마나 많은 삶을 짓밟고 있는지, 돈 안 되는 두메산골의 땅과 할머니들쯤이야 비싼 도시인의 삶을 위해 희생해도 좋다는, 돈 몇 푼 주고 이주하면 그만 아니냐는 그 논리에 나도 평생 기대어 살았다는 사실을 깨달았다. 그렇게 산도 강도 바다도 다 내어주고 원자력 발전소 짓고 모든 재해로부터 안전한 도시에서 말이다.

세월호에 이르러서는 절망에 가까웠다. 분노한 15명의 에코페미니스트들이 모여 2016년에 책 한 권을 출판했다. 1년이 넘는 작업 끝에 나온 책이었다. 책 제목은 만장일치로 '덜 소비하고 더 존재하라'로 정했다. 불평등이 심해질수록 사회는 점점 더 혐오가 확대되고 개인의 불안과 고통을 위로해 줄 상품을 소비하라 부추기고 있었다. 우리는 책임지지 않는 국가의 역할에서부터 공동체의 윤리, 개인의 실천 사이를 연결하는 실천이 에코페미니즘이라고 보았고 행복을 다시 정의했다. 박근혜 대통령은 존재 자체로 말미암아 우리 자신에게 성장이데올로기를 주입한 박정희를 떠올리게 했고 나는 그 그늘을 벗어나는데 오랜 시간이 걸렸음을 솔직히 인정하고 시작했다. 책의 부제는 에코페미니스트의 행복혁명이었다.

GDP 중심의 경제는 임금노동만을 가치 있는 것으로 여긴다. 마리아 미즈는 자본주의가 여성의 돌봄 노동이나 제3세계의 저임금노동, 무엇보다 자연의 가치를 비가시화하고 있다고 비판한다. 자본주의는 시작부터 여성들의 비임금 가사노동과 식민지, 자연의 착취를 통해 몸집을 불려왔고 여성의 가정주부화를 기반으로 했다. 현재의 위기는 이제 더 이상 공짜로 착취할 여성과 식민지, 자연이 고갈되었다는 뜻이다.

'저렴한 것들의 세계사'를 쓴 라즈 파텔과 제이슨 무어 역시 자본주의는 단순한 경제 시스템이 아니라 인간과 나머지 지구 생명망의 관계를 엮는 방식이며 자연, 돈, 노동, 돌봄, 식량, 에너지, 생명을 지속적으로 저렴하게 유지하면서 이윤을 창출해 왔다고 말한다. 인간과 자연, 남성과 여성, 임금노동과 가사노동 등 가치의 이분법 속에서 전자를 우월하게 취급하고 보이지 않는 착취를 통해 근대사회를 구성해 온 것이다. 이분법적 사고는 인간이 자연의 일부이고 인간이 자연이라는 조건 속에서만 생존 가능하다는 사실을 간과한다. 끊임없이 내부와 외부의 식민지를 필요로 하는 경제는 지속불가능하다.

그레타 툰베리가 말한 것처럼 현 세대는 미래세대의 삶과 꿈을 팔아 지금을 살아내고 있다. 전 세계의 표준으로 강요했던 북유럽과 미국 중산층의 삶은 지구가 몇 개 있어도 불가능하다. 제3세계는 선진국을 따라잡기 위해 자신의 숲과 땅을 오염시키고 선진국의 공해산업을 받아들이면서 자신의 자연 자원과 인력을 고갈시키고 있다. 그러나 선진국을 따라잡지 못하고 빈곤은 계속 확대되고 있다.

한 사회가 지속가능하기 위해서는 무엇보다 자연의 한계를 인정해야 한다. 대량생산, 대량소비, 대량폐기는 폐기되어야 한다. 쓰레기를 처리할 수 없으면 만들지 말아야 한다. 자본주의가 발달한 나라들은 소비를 줄이고 다른 나라의 자원을 약탈하지 말아야 한다. 아직 빈곤한 나라는 민주주의와 적정기술을 통해 어느 정도의 삶을 성취할 수 있어야 한다. 해외원조가 효과가 없다는 연구결과에도 불구하고 여전히 시혜적 원조를 계속하는 위선을 버리고 불공정한 착취를 멈춰야 한다. 지구적 삶의 표준이 많이 벌고 많이 쓰고 많이 버리는 삶이 아니라 평등하고 서로 돌보며 민주적인 삶으로 바뀌어야 할 것이다. 세계화를 멈추고 지역화된 돌봄의 공동체가 사회의 새로운 목표가 되어야 한다.

헬레나 노르베리 호지는 세계화의 대안으로 지역화를 말한다. 여기서 지역화는 인간적인 규모의 경제를 말한다. 지역에 필요한 재화를 생산하고 수출시장 의존도를 낮추는 것, 로컬 시장을 중심으로 경제를 다시 조직할 것을 제안한다. 지역에서 필요한 만큼의 물자와 식량을 만들고 지역의 금융과 지역의 에너지, 지역의 교육과 공동체가 오래된 미래이자 행복의 경제학이라고 말한다.

에코페미니즘에서 말하는 자급의 경제도 이와 유사하다. 자급은 임금노동 중심의 경제를 해체해야 비로소 보인다. 임금을 지급하지 않는 가사노동, 공동체 노동, 착취되는 3세계의 노동과 자급노동 등 지금까지 삶과 사회를 지탱했던 모든 노동에 대한 가치의 회복과 인정이 필요하다. 위험하고 더러운 것은 외부에 맡기고 이윤과 소비를 향유하는 지금의 불평등 경제는 결코 지속가능하지 않다. 생태적 한계 내에서 인류를 위한 안전하고 정의로운 공간을 만들어야 한다는 주장이 점점 설득력을 얻고 있다.

코로나 이후
돌봄의 공동체

지금 세계는 기후위기를 온 몸으로 겪고 있다. 북극이 2020년에 38도를 기록하였고 2021년에는 고온과 가뭄으로 화재에 휩싸이기도 했다. 150년만의 일이다. 난생처음 겪는 일이다. 2018년 111년 만에 폭염을 겪었다. 2020년 벚꽃이 측정한 이래 가장 빠른 3월에 피었고 그해 여름 가장 긴 장마를 겪었다. 환경운동가들이 '이 비의 이름은 장마가 아니라 기후위기'라고 말했다. 2021년은 벚꽃이 전 년보다 더 빨리 피어 기록을 깼고 역대 세 번째로 가장 짧은 장마를 겪었다. 도시인들이야 벚꽃이 3월에 피나 4월에 피나 상관없지만 날씨에 따라 농사를 짓고 땅과 바다에 기대어 사는 농민과 어민들은 기후위기를 피해갈 도리가 없다. 호주와 미국은 산불을, 아프리카는 가뭄을, 아시아는 태풍과 폭우에 시달렸다. 이 모든 재난들은 산업화 이후 배출한 이산화탄소로 인해 지구가 뜨거워진 탓이라고 지난 수십년 간 기후과학자들이 말해왔다. 2018년 IPCC총회는 1.5도 보고서를 통해 지구 온도 상승을 1.5도로 제한하지 않으면 돌이킬 수 없는 재앙이 온다고 경고했다. 인류가 초래한 기후위기 시대를 인류세라 부르고 책임의 원인이 인류 모두가 아닌 자본주의라는 의미에서 자본세라 명하기도 하고 플라스틱세라는 주장도 등장했다.

탄소중립을 위해 유럽은 그린딜, 미국은 그린뉴딜이란 정책을 내세웠고 한국 역시 코로나 위기에 대응하는 정책을 발표했다. 그러나 매우 미흡하고 실망스런 내용의 한국판 뉴딜이 발표되었다. 채효정은 그린뉴딜은 한국사회와 맥락도 다를 뿐 아니라 노동도 여성도 생태도 없다고 비판하였다. 혹자는 차라리 신새마을운동이 국민들에게 설득력이 있었을 것이라고 말하기도 한다. 그린뉴딜을 비판하는 주요 내용은 코로나19와 기후위기의 원인을 초래한 경제와 사회의 대전환이 아닌 디지털 산업을 육성하기 위한 자본중심 대책으로 불평등이 더욱 심화되리라는 것이다. 재난을 통해 자본의 이익을 실현하는 재난자본주의의 작동이 현실화되고 있다. 기후위기가 탄소나 에너지의 문제로 축소되어 여성과 노동자의 목소리가 삭제되어 위로부터의 정책만 있고 K-방역의 성공에 가려진 돌봄의 공백과 위기가 보이지 않고 있기 때문이다.

코로나19 감염자는 2022년 2월 현재 4억 2131만명이 감염되고 588만명이 사망했다. 그 피해는 나라마다 달랐지만 유사한 점이 있었다. 재택할 수 있고 임금이 유지되는 직종과 대면 노동을 멈출 수 없고 일자리를 잃었던 계층에게 코로나19는 다르게 다가온다. 문을 닫아야 했던 자영업이나 돌봄을 전담해야 했던 여성들에게는 특히 재앙이었다. 여성들은 가장 먼저 실직하고 학교와 공공시설이 문을 닫았을 때 가족을 돌봐야 하는 최우선의 사람이었다. 이러한 돌봄공백과 위기에 대해 우리 사회는 아무런 응답을 하지 않고 당연한 것으로 받아들였다. 가장 먼저 사망자가 나왔던 청도 대남 병원, 이어지는 택배노동자의 죽음, 청년 여성의 자살 급증, 집단 감염이 반복된 콜센터와 노인 요양원, 구치소 등은 사회적 위기의 결과가 누구에게 집중되고 어떻게 확대되는지를 보여주었다. 재난이 우리 사회의 작동방식과 불평등의 민낯을 그대로 드러내었던 것이다.

코로나19의 원인으로 기후위기가 드러났지만 이후 우리의 일상은 기후위기를 극복하기 어려운 방향으로 흘러가고 있다. 더 많은 일회용 쓰레기들이 쌓이고 사회적 약자는 보호받지 못한 채 고립되고 필수노동자들을 갈아넣어 K-방역을 지켜내고 있다. 백신과 치료제를 통해 하루빨리 원래의 일상을 회복하고자 하는 바램이 기후위기에 대한 근본적인 성찰과 반성을 가로막고 있는 것이다. 전문가들은 세계화된 경제와 자연파괴를 통한 지금의 경제성장을 막지 못한다면 코로나19 이후 다른 바이러스가 찾아올 수 있다고 말한다. 그 주기를 5년으로 예측하기도 한다. 코로나 이후가 아니라 코로나와 함께 살아야 할 삶이 우리 앞에 놓인 것이다. 이런 상황이 왜 일어났고 이런 일이 더 이상 일어나지 않기 위해 무엇을 해야 할지, 그리고 어떻게 사회를 전환해야 할지 이제는 말해야 한다. 무엇을 멈추고 무엇을 지켜야 할지, 어떤 사회로 이동해야 할지 이제는 되돌아갈 수 없는 변곡점에 서 있는 것이다.

여성환경연대는 2019년 따뜻하고 유쾌한 책을 펴냈다. 전국의 에코페미니스트들을 찾아다니며 인터뷰를 하였고 책으로 엮어낸 것이다. 『괜찮지 않은 세상, 괜찮게 살고 있습니다』(여성환경연대, 북센스, 2019)라는 책이다. 이전 책 『덜 소비하고 더 존재하라』(강남순 외, 시금치, 2016)보다 참으로 겸손한 책 제목이다. 이 책은 괜찮지 않은 사회를 꿋꿋이 버티고 헤쳐나가는 12명의 여성들의 목소리가 담겨있다. 비주류였기 때문에 좋은 영화를 만들 수 있었다는 동물운동가 임순례 감독부터 생명을 상품화시키는 구조에서 벗어나는 연습을 해야 한다는 비건 요리사 린, 에코페미니스트 책방을 선언한 여우책방의 지숲, 제주도에서 녹색정치를 보여준 고은영, 적녹보라를 실험하고 실천하는 나영, 할머니들의 토종씨앗을 연구한 김신효정, 책방 주인 요조와 삐딱한 교수 이현재, 마을에서 풀뿌리여성주의를 실천하는 채은순과 모아나, 살림의 밥상을 차리는 문정희와 여신을 노래하는 안혜경 등이 세상을 당차게 살아가는 목소리를 담았다. 어쩌면 우리 사회를 다른 곳으로 데려갈 용감한 여성들이기도 하다.

우리 사회는 이렇게 다른 삶을 통해 성장이 아닌 풍요의 삶을 기획하고 실천하는 수많은 풀뿌리 운동과 여성들이 있다. 최근에는 세계화에 맞선 다양한 공동체 운동들이 함께 하고 있다. 은평의 전환마을처럼 생태적 삶을 살고 자급을 높이려는 운동도 있고 농부시장 마르쉐와 같이 농부와 도시를 연결하려는 운동도 있다. 언니네텃밭처럼 도시 소비자와 여성농민을 연결하기도 하고 한 살림, 두레, 아이쿱, 행복중심 등 지역의 생협은 소비자로서의 윤리와 돌봄을 지역 안에서 실현하기 위해 노력한다. 여성주의 가치를 확산하고 성평등한 마을을 위해 노력하는 여성단체와 마을의 미디어, 마을의 교육, 마을의 문화, 마을의 건강과 공동체를 확산하려는 운동도 성장하고 있다.

우리는 좋은 삶을 위한 돌봄은 어린이와 노인에게만 필요한 것이 아니라 구성원 모두에게 필요하다고 믿는다. 우리는 서로 돌보고 서로 배우고 함께 일하면서 살아가는 사회를 꿈꾼다. 코로나19 때 우리 사회는 교육보다 방역을 우선하여 공공기관과 도서관, 복지관, 학교를 닫았다. 그러나 아이들은 잘 감염되지도 않았고 전염률도 낮았고 치명률도 낮았다는 세계적인 통계를 마주하며 우리의 선택이 옳았는가 되돌아본다. 그 사이 사교육과 문화자본이 충분했던 아이와 그렇지 못한 아이들의 1년 격차가 평생에 걸쳐 영향을 줄 것이라는 예측이 나왔다. 마스크를 쓰고 제대로 된 사회생활을 할 수 없었던 2년의 공백은 전쟁처럼 우리의 삶에 깊은 상처를 남기고 있다. 공동체는 이 상처를 회복하는 공간과 시간이 되어야 한다.

에릭 클라이넨버그는 700여 명의 목숨을 앗아간 시카고 폭염을 분석하면서 자연재해에 대응하는 민주사회는 공동이 모이는 장소, 필수적인 인간관계가 형성되는 공간의 중요성을 강조하였다. 기술의 발전뿐 아니라 시민들을 공동체로 묶어주는 자발적 결사체를 촉진하고 사람이 모일 수 있는 사회적 인프라야말로 분열된 사회를 수리할 수 있는 가장 좋은 방법이라고 한다. 이를 사회적 자본이라고도 하고, 일터와 가족을 넘어선 제3의 공간이라고도 말한다. 수많은 대안과 전환의 씨앗이 싹트고 있는 지역에서 기후위기와 불평등의 대안이 시작되길 기대한다.

우리는 코로나 시대의 돌봄은 무엇이고 어떻게 해야 할지 아직 답을 찾지는 못했다. 그러나 시장이나 국가에 맡겨지는 것과 가족/여성이 돌보는 것 사이에 지역과 시민사회의 역할이 있어야 한다고 생각하고 그 길을 찾기 위해 노력해야 할 것이다. 돌봄을 지역사회에서 시민들의 역할로 만들고 그 돌봄이 인간적 삶을 위한 노동과 교육과 의료와 문화를 포괄할 때 우리는 다른 사회를 상상할 수 있을 것이다. 아마도 그것은 더 이상 경제성장만이 목표가 아닌 진정으로 인간적이고 풍요로운 연결과 연대의 사회일 것이다.

포스트-강남역의 정동적 구성과 연대의 서사화

정 미 선
(전남대학교 인문학연구원 HK연구교수)

포스트-강남역이라는 사건

이 글은 2016년 강남역 살인사건을 정동되고 정동하는 일종의 '사건'으로서의 '정동적 체험'으로 규정하고, '포스트-강남역'이라는 하나의 독특한 구성물이 어떻게 서사화되고 또 동시대 서사체들로부터 다시금 추동되어 대화적 과정에 부쳐지고 있는지에 대해 가설적으로 탐색해보고자 하는 시도다.

2016년 강남역 살인사건이 갖는 사건성과 그 의미에 대한 연구와 저술작업은 활발하게 진행되어왔다. 강남역 살인사건은 올해로 추모 6주기를 맞는다. 그동안 '강남역 여성살해 사건'으로부터 현안을 진단하고 정책적, 제도적 개선책을 탐색하는 여러 토론회와 집담회[1]가 있었고, 강남역 살인사건을 여성혐오에 기반한 여성살해(femicide)[2]로 보는 것에 대한 한국

사회의 완고한 부정주의에 맞서는 페미니스트 대중의 수많은 담론들이 있었고, 강남역 살인사건의 의미와 사건 이후의 집합적 저항의 주체로서 '포스트/강남역'을 이야기하는 학술적 논의[3] 등이 전개되어왔다.

강남역 살인사건 당시로부터 2022년 현재의 시점까지의 시간들을 돌이켜볼 때, 강남역 살인사건이 흡사 한국의 여성애도의날(Day of Mourning for Women)의 원년으로 자리매김하고 있다는 것, 그리고 "그 이전으로 돌아갈 수 없"[4]는 여성들의 집합적 마음으로서 동시대 페미니스트 공중의 집단기억을 구성하고 있다는 점에 대해서는 별도로 다시금 증명할 필요는 없어 보인다. 위에서 간략하게 언급한 것처럼, 강남역 10번 출구를 비롯한 전국 곳곳에서 나타난 포스트잇 추모행동, 온라인 공간에서 행해진 페미니스트 대중의 담론들, 2016년 이후 지속되어 온 페미니스트 액티비즘의 실천들, 관련 토론회·집담회·

---

1) 서울시여성가족재단은 성평등아카이브 e-전시 '강남역 인근 여성살해사건' 전시 내용 중 '그날 이후 우리는 무엇을 하였나' 챕터를 통해 이러한 토론회 등의 자료를 아카이빙하여 기록하고 있다. 그 구체적인 내용과 자료에 대해서는 아래의 링크를 통해 확인할 수 있다. 서울시여성가족재단 성평등아카이브 e-전시 '강남역 인근 여성살해사건' <그날 이후 우리는 무엇을 하였나>: http://www.genderarchive.or.kr/exhibits/show/postit/ex2-p7

2) 여성살해의 개념은 다이애나 E. 러셀·질 래드퍼드 편, 전경훈 옮김, 『페미사이드—여성혐오 살해의 모든 것』, 책세상, 2018 참조.

3) 정용림·이나영, 「'포스트/강남역'—성차별적 사회에 대한 집합적 저항과 페미니스트 주체 (재)구성의 가능성」, 『페미니즘 연구』 18(1), 한국여성연구소, 2018; 김홍미리, 「그날 이후의 페미니즘—포스트 강남역의 목소리」, 이나영 편, 『누가 여성을 죽이는가—여성혐오와 페미니즘의 격발』, 돌베개, 2019 참조.

4) 정용림·이나영, 앞의 글, 181쪽.

연구들·저술작업 등은 정현백[5]이 기록한 2016년 강남역 살인사건의 좌표가 함축하는 앓아온 마음의 궤적과 흔적 그리고 기록을 구성하고 있다.

이러한 궤적은 강남역 살인사건이 경찰·언론·일부 남성들을 위시하여 호명되고 또 대중적으로 처리되고자 했던 방식, 즉 '묻지마 살인'에 반대하여 남성이 여성을 죽인 여성혐오(misogyny) 범죄임을 분명히 하는 데서 시작되었다고 할 수 있을 것이다. 그리하여 이 흐름을 거칠게 요약하면, 온·오프라인을 넘나드는 페미니스트 공중은 이러한 여성에 대한 무차별적 테러 행위와 증오범죄(hate crime)가 우리 사회의 일상으로서 여성들의 삶을 상시적으로 위협하고 있음을 지적하고, 이러한 여성혐오가 여성살해를 추동하는 근본적 원인임을 부정하는 한국사회의 강고한 남성중심적 이데올로기에 질의하며, 추모의 대대적인 흐름을 만드는 과정으로 이해될 수 있다.

그런데 이러한 포스트-강남역을 일컫는 거시적인 집합기억으로부터 고개를 돌려 그러한 집합적 마음을 만들어낸 미시적인 과정성과 낱낱의 마음들에 대해 질문하면 어떨까? 거기에는 단절이 있고, 도약이 있으며, 성찰과, 시간의 구성과 나 자신에 대한 이해와, 감응, 애도와, 이해불가능성과, 슬픔과, 분노와, 무엇을 상실했는지 알 수 없는 상실과, 깨달음과, 후회와, 죄책감과, 두려움, 개인적이고 사회적인 기억들에 대한 연결과, 연결의 단절과, 말 그대로 머리를 뜨겁게 만들고 손발을 차갑게

---

5) 정현백, 『연대하는 페미니즘』, 동녘, 2021, 10쪽의 '저항하고 연대했던 한국 페미니즘 운동의 기록' 연표 참조.

만드는 신체적 작용들과, 사로잡힘들, 사로잡는 것, 계속적이고 어쩌면 반복강박적인 되새김과 되먹임의 (반)작용들과, 언표화될 수 없는 침묵과 강렬한 증오와 문자 그대로의 고통이 있다.

실제로 우리의 마음에 무슨 일이 일어난 것일까? '빚을 지고', '그 이전으로 돌아갈 수 없고', '너는 나이고', '너는 나의 죽음이고', '우연히 살아남아', '기억하겠다'고 말하는 이 마음의 불연속적인 연쇄를 어떻게 학술적 언어로 번역할 수 있는 것일까. 사회면에 스쳐가는 예외적 존재에 인한 개인적인 죽음일 수도 있었던 이 하나의 죽음이 '이전으로 돌아갈 수 없는' 새로운 시간선을 구축하는 방식으로 변용되어간 그 부인할 수 없는 구성적 힘의 정체에 대해 질문하기: 즉, 강남역 살인사건은 어떻게 '포스트-강남역'이 되었는가.

강남역 살인사건이 포스트-강남역으로 변용되는 '사건'[6]으로서 이후이자 너머로서의 포스트-강남역에 대해 질문할 때, 정동(affect)은 하나의 단서가 된다.

정동은 스피노자로부터 들뢰즈, 마수미 등의 계보를 바탕으로 정동 이론이라는 관점을 통해 소개되어 왔는데, 클라프가 정동적 전회에 대한 서술을 통해 간략히 논급하는 것처럼 정동은 해체주의 이후 주체 개념의 임계 속에서 잠재성의 철학적

---

6) 감각적인 것의 분할이라는 랑시에르적 의미에서의 '사건'이라고 일컬을 수도 있을 것이다. 혹은 마수미를 활용하여 '감각 가능한 것과 비감각적인 것 사이의 분할, 즉 경험의 이중적인 미적-정치적 경제'(브라이언 마수미, 정유경 옮김, 『가상과 사건』, 갈무리, 2016, 286~287쪽)라는 표현을 통해 사건성을 숙고할 수도 있을 것이다. 그러나 그러한 개념들을 차용하지 않더라도, 사건에 대한 우리의 신체화되고 일상적인 감각들을 통해서도 이를 이해하기는 어렵지 않다.

개념화 작업 하에 만들어진 가설적 개념(concept)으로 이해될 수 있다.[7] 이에 따르면 정동은 의식적 지각과 언어와 정서와 같은 감산적인 잠재적-현실적 회로에서 '잠재적이고 발생하는 것'으로서, 무한히 사회적이고 신체매개된 역량으로서 문턱·분기·발생의 잠재성의 시간성으로 표상되는 관계적 미결정성에 참여하는 신체적 능력을 의미한다.[8]

이러한 개념 계열에 따르면 정동은 감정, 정서(emotion)와 같은 유사한 개념과 변별되는데[9] 이는 이러한 유사 개념들이 복잡계를 축소하는 방식으로 작동하는 의식, 서술, 기호화, 사회적인 것 등의 감산에 의해 특정한 방식으로 정동(의 과잉)이 축소된 현실태로서 나타나기 때문이다. 마수미는 의미론적이고 기호학적으로 형성된 진행과정·내러티브화할 수 있는 작용-반작용의 회로·기능과 의미 속에 강렬함으로서의 정동이 삽입되고 자격부여되며 고정되는 합의의 지점을 정동에서 정서로의 전환으로 본다.[10]

이와 같은 논의에서 정동은 미규정적이고 미결정적이며 미분화된 강렬도로서의 관계적 힘과 이행에 대해 이야기하기 위한 개념이며, 동시에 어떤 가치평가적 특성과도 선행적으로 결

7) 패트리샤 T. 클라프, 「정동적 전회」, 멜리사 그레그·그레고리 시그워스 편, 최성희·김지영·박혜정 옮김, 『정동 이론』, 갈무리, 2015, 333~334쪽 참조.

8) 위의 책, 337~340쪽 참조.

9) 브라이언 마수미, 조성훈 옮김, 『가상계』, 갈무리, 2011, 53쪽 참조. 또한 이진경, 「감응이란 무엇인가」, 최진석 편, 『감응의 유물론과 예술』, 도서출판b, 갈무리, 2020, 32~41쪽의 감정·감응에 대한 서술도 참고할 만하다.

10) 마수미, 『가상계』, 54쪽 참조.

합하지 않는 가능성의 지대로서 정동하고 정동되는 신체들의 역량을 포착하고 의미화하기에 유용한 개념이라고 할 수 있다.

포스트-강남역이 2016년 강남역 살인사건에 대한 모종의 집합기억이자 집합적 마음을 지칭하는 술어라면, 강남역 살인사건을 정동되고 정동하는 일종의 사건으로서의 '정동적 체험'으로 규정하는 것도 가능할 것이다. 포스트-강남역이라는 술어는 여성혐오에 의한 여성살해라는 사건의 규정성을 초과하는 자리에서 기능해왔고 기능하고 있으며 그렇기 때문에 되돌아 갈 수 없는 '그날'의 좌표가 되었다. 포스트-강남역이 이처럼 하나의 독특한 구성물이라면, 그 정동적 구성은 무엇이며 어떠한 대화적 과정에 부쳐지고 있는가?

포스트-강남역, 정동적 구성의 서사화

이 장에서는 정동적 체험으로서의 포스트-강남역의 단서들을 강남역 살인사건에 대한 추모행동의 기록 텍스트를 통해 살펴보고, 이에 기반하여 포스트-강남역의 정동적 구성이 서사화된 사례로 한유주의 「왼쪽의 오른쪽, 오른쪽의 왼쪽」[11]을 분석하여 포스트-강남역의 정동적 구성이 작동하는 방식에 대해 의미화해보고자 한다.

11) 한유주, 「왼쪽의 오른쪽, 오른쪽의 왼쪽」, 『연대기』, 문학과지성사, 2019. 이하 소설 인용 시 1회 출처 각주 처리 후 본문에 제목과 쪽수만 병기함.

우선적으로, 포스트-강남역의 정동적 구성에 대한 단서들을 가장 잘 살펴볼 수 있는 텍스트는 추모 포스트잇일 것이다. 우리는 서울시여성가족재단이 성평등아카이브를 통해 수집해둔 수많은 추모행동 포스트잇 이미지들을 통해 정동적 체험으로서의 포스트-강남역을 구성하는 마음들을 읽을 수 있다.[12] 이들 이미지들은 이 글에서 포스트-강남역의 서사적 계보로 독해하고 구상하고자 하는 서사체들의 흐름을 미리 구축하며, 낱낱의 서사적 형상들로 구현되는 소설들을 출현시키는 정동적 토대가 된다. 아래의 이미지들을 살펴보자.

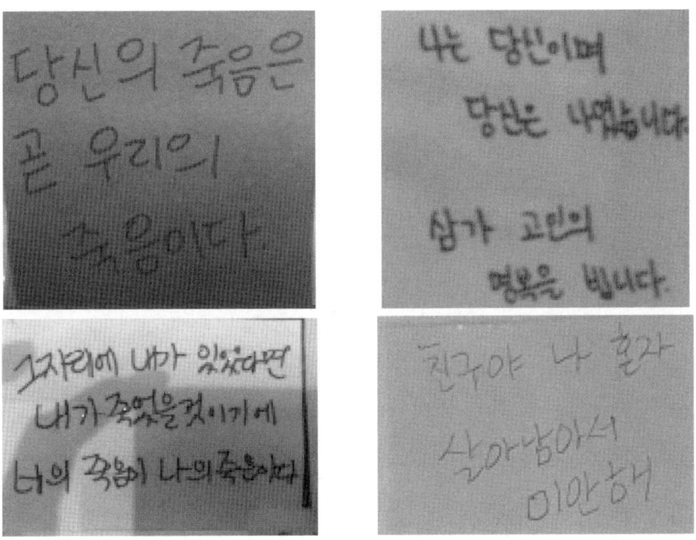

12) 서울시여성가족재단 성평등아카이브 e-전시 '강남역 인근 여성살해사건' 지역별 추모 포스트잇 아카이브에서 371,109개의 포스트잇 이미지를 볼 수 있다. http://genderarchive.or.kr/exhibits/show/postit/ex2-p5. 이하 포스트잇 인용 시 지역과 번호 및 출처만 밝힘.

강남역 살인사건을 단순히 어떤 실제적이고 특정한 사실이나 또는 실체로서 전제하지 않고 포스트-강남역이라는 정동적 사건으로 바라보고자 하는 관점에서 보면, 위 포스트잇들[13]을 경유하여 우리가 가장 명시적으로 찾을 수 있는 단서는 '당신의 죽음은 곧 우리의 죽음이다', '나는 당신이다'와 같은 강렬한 동일시의 감각이다.

이러한 동일시로 보이는 감각의 발생에 대한 해명은 물론 같은 여성 성별이기 때문에 동일시할 수 있다는 정도로 이야기될 수 있을 것이다. 그러나 이 강렬한 동일시의 감각은 동일시의 연원에 대한 해명을 초과하는 방식으로 기능하는 것처럼 보이는데, 이는 '그 자리에 내가 있었다면 내가 죽었을 것'이라는 감각과 함께 '살아남아서 미안하다'는 감각을 동반하기 때문이다. 이 결합은 '나는 너다'를 넘어서 '너의 *죽음*이 나의 *죽음*이다'라는 특정한 표현으로부터 탐색할 수 있는, 포스트-강남역의 독특한 정동적 구성을 만들어내는 것처럼 보인다. 이러한 언명에서 '나'와 '너' 사이에서 빚어지는 교환은 '나'가 곧 '너'라는 등치와 함께 '너의 죽음'이 '나의 죽음'이라는 이중적 등치관계를 예시한다.

이 겹쳐진 교환관계에서 포스트-강남역은 '*나는 죽었고, 나는 살아남았다*'라는 모순적인 정동적 구성을 동반하게 된다.

---

13) 광주 1-26, http://genderarchive.or.kr/items/show/23690.
서울 36-44, http://genderarchive.or.kr/items/show/23862.
서울 50-63, http://genderarchive.or.kr/items/show/23876.
서울 2-17, http://genderarchive.or.kr/items/show/23828.

이는 포스트-강남역의 자장에서 구성되는 '여성' 주체의 특정한 형식으로서 '우연히 살아남았다'는 생존자 정체성을 예시하는 데서 더 나아가, 수치심과 죄책감 그리고 후회 등이 뒤범벅된 어떤 감응을 노출한다. 이때에 '나'가 동일시하게 되는 자리는 단순한 어떤 텅 빈 '여성'의 자리가 아니라 '죽은 자'의 자리이기도 한 것이다.

이에 따르면 이 죽음을 둘러싼 관계는 강남역 살인사건 자체를 초과할 뿐만 아니라, 라카프라가 말한 '이종요법적 동일시(heteropathic identification)'[14]로부터 발원하는 적절한 동일시의 거리 또한 무너뜨린다. 한편으로 죽음의 실제성은 개별적이기에 '나'는 너 대신 '나'가 죽지 않은 이유에 대해 질문해야 하고, '너'의 죽음에 대한 애도의 의무를 '나' 자신에게 부여해야 한다. 그러나 다른 한편으로는 이 죽음의 실재성은 연루적이기에 '나'는 '나'가 죽은 이유에 대해 질문해야 하고, '나'의 죽음에 대한 탐색의 의무를 나 자신에게 부여해야 한다. 포스트-강남역의 정동적 구성을 서사화하는 쓰기는 곧 현상학적 시간에 관여된 트라우마 쓰기로 전화(轉化)한다.

---

14) 라카프라는 트라우마에 대한 대응으로 빚어지는 여러 트라우마 쓰기의 계열체를 논의하면서 '공감'이라는 적정거리에 주목하는데, 이때의 공감은 카이야 실버맨이 이종요법적 동일시라고 부른 특정한 방식의 '동일시'로서 '타자를 존중하지만 타자의 경험은 나 자신의 경험이 아니라는 것을 인식하면서 찾아오는 감정적 반응'을 뜻한다. 즉 이종요법적 동일시는 '무감각'(타자에 대한 반동일시 또는 비동일시)과 '무차별적 동일시'(타자와 나의 완전한 융합) 사이에 위치하는 특정한 동일시의 형식을 개념화하는 술어다. 도미니크 라카프라, 김우민 옮김, 「역사 쓰기, 트라우마 쓰기」, 『치유의 역사학으로』, 푸른역사, 2008, 177쪽 참조.

한유주의 「왼쪽의 오른쪽, 오른쪽의 왼쪽」은 이러한 포스트-강남역의 정동적 구성을 모의하는 사례로, 청테이프로 입이 막히고 머리채를 잡혀 죽어가는 '나'의 실제성을 서사적 현재로 삼아 독자로 하여금 이 무너지는 서사적 현재의 정렬된 시간성을 대체하는 비선형적 시간성의 새로운 구성을 동반하면서 출원하는 유령들의 겹쳐진 목소리를 체험하게 한다.

> 하지만 그날은 도망쳐서 어딘가로 가야 했어, 네 이야기를 들어야 했다. 적어도 네 이야기의 흔적을 발견해야 했지, 그리고 이야기를 시작해야 하는 지금, 나는 자동차 전면 유리창에서 눈이 걷히면서 녹아 흘러내린 물줄기로 시작해야겠다고 생각한다. …(중략)… 내게 생각할 시간이 더 있을까, 네 이야기를 시작해야 하는데, 이미 늦었지만 더 늦기 전에. 이것이 첫 문장이 될 수 있을까, 네 이야기를 시작해야 하는데, 이미 늦었지만 더 늦기 전에. 나는 이야기를 시작해야 해, 내게는 시작해야 할 이야기가 있다. …(중략)… 망설이다가, 망설이다가, 눈이 녹고 있었다. 눈이 녹아 흐르던 짧고도 긴 시간, 영원처럼 느껴지던 그 시간, 나는 그 시간을 잡고 싶었다.
>
> 나는 지금 머리채가 잡혀 있어, 누군가가 내 머리채를 잡고 있다. 비유적 표현이 아니야, 실제로 그렇다는 말이다.(한유주, 「왼쪽의 오른쪽, 오른쪽의 왼쪽」, 99~101쪽)

이 소설의 서사적 현재에서 '나'는 데이트폭력으로 인해 죽어가는 중이다. 그리고 '나'가 계단 난간을 그러쥐고 '그자'에게 끌려가지 않기 위해 안간힘을 쓰며 버티는 몇 초가 이 소설의 전부이다. 그러나 '나'는 이 몇 초의 시간을 연장하는 서술적 목소리를 통해 '너'의 이야기를 쓰고자 한다. '너'의 이야기를 쓴다는 것은 '나'에게 있어서 불가해한 어떤 죽음들을 추적하고 집산하여 이해하는 과정이기도 하다. 그것은 새로운 시간성을 구축하여 동사 시제로서 '전-미래'를 구축하는 과정이기도 하다. 이 시간성에서 '나'는 '너'이고 '여자'이고 너와 여자와 같은 '유령'이고 '유령의 목소리'가 된다.

> 하지만 여전히 나의 왼발은 열세번째 계단을, 오른발은 열두번째 계단을 딛고 있다. 이 자세로 얼마나 오랫동안 있었던 것일까, 백 년처럼 여겨지지만 실제로는 1초도 지나지 않았을 것이다. 이 시간. 이 순간, 이 시각. …(중략)… 그리고 동시에 나는 생각해야 해, 파리의 어학원에서 전미래라는 시제를 배운 적이 있다. 내가 좀더 현명해져야 한다는 말을 듣기 전이었던 걸로 기억한다. Le futur antérieur, 미래의 어떤 시점에 행해지고 있을 사건을 말할 때 사용하는 시제. 미래의 어떤 시점에 끝나야 할 일을 말할 때 사용하는 시제. 이 시제를 처음 배우던 날, 나는 문법책이나 옛 소설에서만 볼 수 있을 시간이라고 생각했다. 그날 나는 오늘을 상상하지 못했어, 12년 후 어느 겨울, 12월, 일요일, 새벽, 2시쯤(한유주, 「왼쪽의 오른쪽, 오른쪽의 왼쪽」, 110~111쪽)

이 소설에서 전-미래는 시간의 파괴로부터 시간성의 재구축으로 이행하는 핵심적 해석소로 기능한다. 인물 서술자인 '나'는 입을 막은 청테이프로 인해 비명도 지를 수 없는 상태이다. 이에 따라 '나'는 이러한 현재의 표층으로부터 시간의 고고학을 통해 서사세계의 시간적 순서(order)의 질서를 파괴할 수밖에 없다. '나'에게 현재는 불능한 시간이기 때문이다. '나'는 이 불능의 시간성에서 '나'의 예정된 죽음과 현재의 고통 그리고 분노의 강렬도를 통해 시간의 파지로 정동된다.

> 그해 겨울, 어느 새벽, 나는 방에 앉아 있었고… 초인종 소리가 들렸는데… 그래, 나는 누구시냐고 물었고… 너무 춥다는 대답이 들려왔다. 가늘게 떨리는 여자의 목소리였다. 여자는 울고 있는 것 같았고, 너무 춥다고, 추워서 견딜 수 없다고, 그러니 이불 한 채만 달라는 말을 반복했다. 나는 문을 열지 않았고, 일단 문밖의 사람을 믿을 수 없었고, 아니 그렇다기보다는 문밖의 사람이 실제로 존재하는 사람인지 확신할 수 없었다. …(중략)… 유령이건 사람이건 나는 문을 열었어야 했다. 그리고 점차 알게 되었지, 어떤 사람들은 유령이 되어서야만 목소리를 내게 된다는 걸, 전에도 목소리는 있었지만 누구의 이목도 끌지 못했으리라는 걸, 나는 알게 되었다. …(중략)… 그의 말을 들었어야 했다. 이불을 주었어야 했다. 안으로 들였어야 했다. 어쩌면 그 사람도 맨발이었을 것이다. 어쩌면 그 사람도 할 이야기가 있었을 것이다. 안간힘, 안간힘을 써서 도망쳤을 것이다. 그래서 입을 막았던 청 테이프를 떼어내고, 맨발로, 초인종을 눌렀던 것인지도 모른다. 그러니까 네 장례식장에서 이자의 차에서 내리지 않은 걸 후회하기 이전에, 그날 새벽 이불 한 채 달라는 사람에게 문을 열어주지 않았던 걸 후회해야 했다.(한유주, 「왼쪽의 오른쪽, 오른쪽의 왼쪽」, 124~126쪽)

세 가지 유령이 지나간 것을 다시 당기고 아직 오지 않은 것을 미리 당기는 현상학적 시간의 작용으로부터 서술자가 매개하는 서사적 시간의 구성에 출원한다. 첫 번째 유령은 죽기 사흘 전에 '나'에게 전화를 건 '너'다. 두 번째 유령은 위의 인용문에서 살펴볼 수 있는 것처럼, 어느 겨울 새벽 나의 문을 두드린 '여자'다. 그리고 세 번째 유령은 시간의 파지를 통해 '여자'의 사라짐 이후와 '너'의 죽음 이후 그들과 같이 소실될 미래를 앞둔 '나'다. 이렇듯 '나'는 연대기적 시간을 현상학적 시간으로 대체하면서 죽음에 직면한 '나'의 죽음에 관여된 '징후'에 그 불가해한 사라짐·죽음·소실을 연결하는 국면들을 다시 쓴다. 이 시간의 고고학은 징후라는 시간과 관여된 자질을 바탕으로 '나' 자신의 실제성을 넘쳐흐르는 관계적 힘의 작동을 통해 동일하지 않은 이 유령들을 집산하게끔 하는 정동적 연대로 열려있는 연루된 주체를 활성화한다.

이 소설을 포스트-강남역의 정동적 구성에 대한 서사화로 읽을 수 있는 까닭이 여기에 있다. 포스트-강남역의 정동정치의 중심에는 모종의 불가해한 어떤 연결이 놓이는데, 이 연결의 핵심은 비선형적 시간성의 출현에 있기 때문이다.

> 나는 네 이야기를 마저 해야 하는데, 이 말은 틀렸다. 네 이야기가 시작되지도 않은 것처럼 보이기 때문인데, 아니, 아무것도 보이지 않는다. 눈물이 앞을 가려… 울 생각은 전혀 없었는데… …(중략)… **너는… 나는…** 점차 알게 되었지… 어떤 사람들은… **유령이 되어서야만…** 목소리를… **내게… 네게…**(한유주, 「왼쪽의 오른쪽, 오른쪽의 왼쪽」, 126~128쪽, 인용자 강조표기)

이 시간성의 출현은 '나'가 '나'의 연대기적 시간을 접어 유령들의 목소리를 발굴하고 정렬하여 관계적으로 연결하는 장력 속에서 '나'의 유령됨을 발견하는 과정이다. "나는 죽었고, 나는 살아남았다"는 포스트-강남역의 정동적 구성이 연결된 마음의 집합적 문화를 창출하는 과정은 이와 같다. 이 소설은 추상적인 여성 동일시로 포스트-강남역의 정동적 체험을 해명할 때 실패하게 되는 잔여, 과정성으로서 시간 이미지의 형상을 모의한다는 점에서 강남역 살인사건을 단순히 명시적인 제재로 다룬 소설적 사례에서는 찾아볼 수 없는[15] 포스트-강남역의 정동적 구성에 대한 서사화이다.

포스트-강남역, 정동적 연대의 서사화

포스트-강남역의 정동적 구성은 이 죽음(들)의 실재성으로부터의 정동적 연결을 통해 연루된 주체 형상을 출현시킨다.

---

15) 강남역 살인사건을 제재로 다룬 가장 대표적인 소설적 사례로 김현진의 연작소설 『정아에 대해 말하자면』의 「내가 도대체 뭘 잘못했나요」를 들 수 있다(김현진, 『정아에 대해 말하자면』, 다산책방, 2020). 이 소설은 여성혐오의 문화적 체계 속에서는 어떤 (가정된) 순응적 여성조차도 죽음을 피할 수 없음을 이야기하면서, 여성 수난사의 연작에 이 죽음을 배치한다. 그러나 강남역 살인사건이 아닌 포스트-강남역이라는 마음의 구성(시공간적이고 역사화되고 국지화된 특정한 주체 형식을 동반하는)이 구체적으로 어떤 방식으로 운동하는지에 대해서는 이러한 제재의 서사화 사례를 통해서는 논의할 수 없다.

이 장에서는 포스트-강남역의 집합적 마음, 공통적인 정동적 구성에서 발원한 연대의 서사화 경향과 탐색적 시도에 대해 간략하게나마 살펴볼 것이다. 유진아[16]가 지적한 것처럼, 강남역 살인사건 이후 한국소설 부문에서 여성에 대한 폭력을 주제로 한 작품들이 많이 출판되고 있다는 서술은 동의할 만하다. 이러한 경향을 포스트-강남역이라는 사건성의 자장에서 어떻게 의미화하고 계열화할 수 있을까? 주목할 만한 지점은, 여성폭력이라는 제재가 아니라 포스트메모리(postmemory)[17]를 구축하는 정동의 모의와 확산이라는 서사체들의 효과 차원에서 발현되는 애도의 작업들에 있을지도 모른다. 이때에 착목할 만한 단서는 공통적인 서사적 모의의 형식이다.

포스트-강남역은 여성살해의 문화에 대한 탐색적 연대기로 동시대 서사체들을 정향케 하는 경향이 있다. 그러나 더 중요한 것은 이러한 서사체들이 특정한 서사적 구성을 반복적으로 동반한다는 점이다. 이 일군의 소설들의 공통점은 어떤 여성 인물 서술자가 불가해한 어떤 여성(초점화 대상, 이미 사라지거나 죽은)의 궤적을 추적하는 과정을 다룬다는 점에 있다. 이러한 소설들의 인물 서술자는 이 과정을 통해서 젠더화된 트라

16) 유진아, 「여성 호명의 젠더 함의와 여성 폭력」, 『한국문학이론과비평』 90, 한국문학이론과비평학회, 2021.

17) 포스트메모리는 홀로코스트의 외상기억에 대한 논의에서 사건을 직접 겪은 세대의 후세대에게 매개되고 승계되는 트라우마의 문제를 개념화하기 위한 방편에서 '세대전이적 트라우마'의 양상에 대한 문제틀로 쓰이기 시작했으며, 현재는 트라우마의 확산·중층·서사화에 관여된 '사후기억'이라는 보다 확장적인 문제틀로 쓰인다. 라카프라, 앞의 책, 215~271쪽; Marianne Hirsch, *The Generation of Postmemory*, Columbia UP., 2012 참조.

우마로 다가오는 사건(주로 추적의 대상인 여성 인물이 사라지거나 죽은 과정·원인)을 조망하고, 그러한 추적의 과정에서 드러난 취약성(vulnerability)이 어떤 특정한 "어수선한 사회관계들에 둘러싸인 신체에 상응하는 조건"[18]으로 발현되는가를 이해하는 방식으로 젠더화된 트라우마를 자기화하며, 동시에 애도와 연결성의 회복이라는 두 과제를 수행하고 응시하게 되는 과정성을 매개하는 서사적 모의의 형식을 독자에게로 인계한다.

이러한 서사체들의 사례를 강화길, 박서련, 최진영, 한이리, 손보미 등의 소설들에서 파편적으로 혹은 더 명시적으로 찾을 수 있다. 최진영의 『이제야 언니에게』[19]와 한이리의 『게르니카의 황소』[20]는 친족성폭력의 트라우마와 회복적 정의에 대한 서사화를 통해 '취약성'의 발현적 조건을 탐색하고 초점화자임과 동시에 초점화 대상으로서의 이중화된 자기-애도를 수행한다. 박서련의 『마르타의 일』[21]은 자매인 경아의 죽음을 추적하는 '나'의 여정을 통해 마리아와 마르타의 관계를 재해석하고 '그다지도 그 애를 사랑했다'는 애도의 서사를 완수하며 '언니'

18) 버틀러는 취약성을 지정학적 폭력의 영역들이 횡단하고 드러내는 구체화된 사회관계와 행동의 한 부분으로서, 사회관계들을 연결하는 흐름이자 지지하는 조건으로 바라본다. 이에 따르면 취약성은 주체의 속성에 귀속된 것이 아니기 때문에 수동적인 무언가이거나 (개별적으로) 극복가능한 어떤 것이 아니며, 사회관계의 속성이라는 관계적 차원에서 드러나는 효과이다. 주디스 버틀러, 김정아 옮김, 『비폭력의 힘』, 문학동네, 2021, 241~252쪽 참조.

19) 최진영, 『이제야 언니에게』, 창비, 2019.

20) 한이리, 『게르니카의 황소』, 은행나무, 2021.

21) 박서련, 『마르타의 일』, 한겨레출판, 2019.

와의 관계를 새로이 연다. 손보미의 『작은 동네』[22]는 자살한 '그녀'의 서사를 추적하는 과정에서 안전과 행복에 대한 순치된 이론을 떠나 '나'의 두 어머니와 윤이소 그리고 유년의 '나'를 아우르는 환상에서 고통으로의 이행을 응시하고 이해한다. 또한 이러한 서사체의 한 축에서 가장 주목할 필요가 있는 소설은 강화길의 「호수」[23]와 『다른 사람』[24]인데, 「호수」가 민영의 서사를 추적하는 과정에서 미자네, 민영, 그리고 '나'를 포함한 수많은 다른 '여자'들의 다르지만 유사한 사건들을 매개하고 이해하며 젠더화된 트라우마의 작동 양상(개별화, 분리, 연대의 도용, 부인, 인식적 오류로 치부하기 등)[25]을 드러낸다면, 『다른 사람』은 이 「호수」의 모티프를 보다 본격화해 '다른 사람'으로 치부되었던 하유리의 삶의 궤적을 추적하는 동시에 하유리뿐 아니라 '나' 자신을 포함한 자들을 포획한 내면화된/호명된 사회관계의 촘촘한 중층적 폭력의 장에서의 취약성을 애도하고 응답하며, 이러한 연결성의 과제를 독자에게 권유한다. 특히 앞선 장에서 포스트-강남역의 정동적 구성의 핵심에 유령들의 목소리를 발굴하고 정렬하여 관계적으로 연결하는 장력 속에서 '나'의 유령됨을 발견하는 과정으로서의 정동적 시간이 있었다면, 『다른 사람』의 서사가 모의하는 것은 이러한 시간의

22) 손보미, 『작은 동네』, 문학과지성사, 2020.

23) 강화길, 「호수」, 『괜찮은 사람』, 문학동네, 2016.

24) 강화길, 『다른 사람』, 한겨레출판, 2017.

25) 유진아는 이를 구별짓기, 경계짓기, 분노와 혐오의 매커니즘으로 계열화하여 분석한다. 유진아, 앞의 글 참조.

파지에 불가해한 여성들의 죽음(사라짐)을 정확히 이해하고자 하는 서사의 추동이 사상됨으로써 연결신체의 문화장을 구축하고 확산하는 서사적 효과를 보인다는 점에서 각별히 주목할 만하다.

더 나아가 이러한 서사체들의 사례는 다종의 서사전략을 통해 '알아차리기'를 둘러싼 애도와 연결성의 회복 사이의 관계를 탐색하는 계열로부터, 죽음과 사라짐의 사후적 시간을 추적하는 특정한 서사적 구성을 넘는 경향을 예시하기도 한다. 이는 포스트-강남역 서사의 이행적 계보에서 별도로 논의될 만한 특징적 이행인데, 조건화된 애도의 시간을 현재하는 관계들 속 정동적 평등을 통해 확장하고 강렬도로서 정동적 연결을 활성화함으로써 잠재적 시간을 열고자 하는 서사들이다.[26]

포스트-강남역 서사의 계보와 미래

이 글은 강남역 살인사건 이후의 동시대 서사체들을 바탕으로, 포스트-강남역의 정동적 구성과 연대에 대한 서사화된 사례들을 탐색함으로써 이 사건성의 정동적 체험이 구체적으로 무엇이며 어떠한 방식으로 대화적 과정에 부쳐지고 있는지에 대해서 서사체들을 통해 가설적으로 살펴보고자 했다. 이는 포

26) 이러한 계열체에 대한 이야기는 별도의 지면을 필요로 하는 것이나, 강화길의 최근작 소설들로부터 출발할 수 있다는 점은 밝혀둔다.

스트-강남역이라는 정동정치의 집합적 마음과 흐름을 추적하고자 하는 관심사에서 비롯되었다.

이에 따르면 포스트-강남역에 대해 질문하는 것은 포스트-강남역을 단순히 비가시화된 여성살해의 문화에 대한 또 하나의 기표 또는 어떤 텅 빈 여성 기표에의 동일시로 요약될 수 있는 '상징'과 '주체' 해명하기만으로는 충분치 않은 것처럼 보인다. 오히려 포스트-강남역은 오늘날 '생존자'로서의 여성이라는 특정한 주체 형식을 초과하는, 그렇기에 정동적 시간과 정동적 연결을 통해 구현되는 관계적 실제로서의 여성의 삶-시간을 더 넓고 깊게 탐색하는 과정에 부쳐질 표지로 보인다.

더 나아가 포스트-강남역의 서사화에 대해 질문하는 것은 버틀러의 말처럼 공적으로 애도가능한 상실을 차등적으로 분배하는 사회에서[27] 조건화된 애도의 시간을 주체, 시간, 체험을 아우르는 정동적 구성의 관계적 힘을 통해 해체하고 재구성하는 대화적 과정과 그 계보를 추적하는 과정에 부쳐질 더 너른 표지로 이해될 여지가 있다. 그리하여 포스트-강남역의 삶-시간, 우리는 거기에서 만나거나 헤어지며 나아가는 중이다.*

27) 주디스 버틀러, 윤조원 옮김, 「폭력, 애도, 정치」, 『위태로운 삶』, 필로소픽, 2018, 63~70쪽 참조.

* 끝으로 이 글이 가정된 객관성에서 쓰이지 못했다는 것을 고백해둔다. 또한 이 글을 쓰는 과정에서 각자 다른 경로와 위치성을 따랐으나 이제는 포스트-강남역의 삶-시간을 함께하게 된 여자친구에게서 많은 도움을 얻었다. 감사를 전한다.

■ 참고자료

강화길, 『괜찮은 사람』, 문학동네, 2016.

강화길, 『다른 사람』, 한겨레출판, 2017.

김현진, 『정아에 대해 말하자면』, 다산책방, 2020.

박서련, 『마르타의 일』, 한겨레출판, 2019.

손보미, 『작은 동네』, 문학과지성사, 2020.

최진영, 『이제야 언니에게』, 창비, 2019.

한유주, 『연대기』, 문학과지성사, 2019.

한이리, 『게르니카의 황소』, 은행나무, 2021.

서울시여성가족재단 성평등아카이브 e-전시 '강남역 인근 여성살해사건' http://genderarchive.or.kr/exhibits/show/postit/ex2-p2

유진아, 「여성 호명의 젠더 함의와 여성 폭력」, 『한국문학이론과 비평』 90, 한국문학이론과비평학회, 2021.

이나영 편, 『누가 여성을 죽이는가』, 돌베개, 2019.

정용림·이나영, 「'포스트/강남역'」, 『페미니즘 연구』 18(1), 한국여성연구소, 2018.

정현백, 『연대하는 페미니즘』, 동녘, 2021.

최진석 편, 『감응의 유물론과 예술』, 도서출판b, 갈무리, 2020.

브라이언 마수미, 조성훈 옮김, 『가상계』, 갈무리, 2011.

브라이언 마수미, 정유경 옮김, 『가상과 사건』, 갈무리, 2016.

다이애나 E. 러셀·질 래드퍼드 편, 전경훈 옮김, 『페미사이드』, 책세상, 2018.

도미니크 라카프라, 육영수 편, 『치유의 역사학으로』, 푸른역사, 2008.

주디스 버틀러, 윤조원 옮김, 『위태로운 삶』, 필로소픽, 2018.

주디스 버틀러, 김정아 옮김, 『비폭력의 힘』, 문학동네, 2021.

멜리사 그레그·그레고리 시그워스 편, 최성희·김지영·박혜정 옮김, 『정동 이론』, 갈무리, 2015.

Marianne Hirsch, *The Generation of Postmemory*, Columbia UP., 2012.

제Ⅲ부

연대하는 삶

연대(連帶)에 관한 짧은 연대기(年代記)

내가 만난 416 사건과 기억운동

독재자에게 빼앗긴 시리아의 자유와 민주주의

국가폭력과 사회경제적 불평등에 맞서는 국제연대

연대(連帶)에 관한 짧은 연대기(年代記)

김 유 경
(돌꽃노동법률사무소 대표 노무사)

'연대(連帶)'의 사전적 의미는 '한 덩어리로 서로 굳게 뭉침'이다. '사람 사이의 거리두기'가 일상화된 '언택트 시대'에 '굳게 뭉친다'는 것은 어떤 의미일까. 여럿이 모여 손을 잡는 것조차 금지되는 시대에도 누군가는 생계를 위협당하고, 누군가는 살아서 퇴근하지 못하며, 누군가는 그릇된 것을 바로잡기 위해 곡기를 끊는다. 그렇기에 사람들은 '왜 뭉치는지' 이유를 따지기 전에, '사람이라는 이유로' 여전히 타인과의 연대의 끈을 놓지 못한다.

그 누군가 싸우는 이들 곁에 서는 방법은 다양하다. 그리고 그곳에 이르는 길 역시 한 가지는 아니다. 이 글은 어떤 우연한, 혹은 필연적인 계기들로 인해 '연대'의 의미를 어렴풋이나마 깨닫게 된 평범한 사람의 10년간의 짧은 연대기이자 부끄러운 활동의 기록이다.

과거 1
연대의 출발점, 노동조합

■ 우연처럼 만난 필연, 노동조합

올해 연말에도 서울 여의도 국회 앞은 천막과 피켓과 플랜카드로 현란하다. 구호를 외치는 이들 앞을 무심코 지나치는 사람들의 표정은 이렇게 말한다. "왜 저렇게까지 하지?" 법 제·개정을 촉구하고, 억울한 사정을 호소하는 사람들은 얼핏 '투사' 같지만 얼마 전까지 이런 자신의 모습을 상상해본 적이 없다. 평범한 사람들이 길 위에 서기까지 그 시작엔 무엇이 있었을까.

필자는 사람을 만나고 글 쓰는 것이 무작정 좋아서 기자가 되었고, 10년 가까이 그저 열심히 기사를 썼다. 정보통신(IT) 및 산업 전문 일간지이다 보니 애초에 기대했던 열혈 사회부 기자는 될 수 없었지만, 한창 호황기를 맞이한 IT 업계에서 새로운 사람들을 만나 뉴스를 생산해낸다는 것이 흥미롭기도 했다. 그러다가 우연한 기회에 노동조합을 만났다. 아니, 만났다기보다 해마다 누구도 자원하기를 꺼리는 노동조합 간부를 해야 할 '순서'가 되어 '1년만 책임지고 다시 현업으로 돌아가자'는 요량으로 덜컥 노조 사무실로 출근을 시작했다.

그런데 당시 노조는 평화모드로 지내오던 몇 년간의 침묵을 깨고 막 제대로 회사에 문제제기를 하려던 참이었다. IT붐을 타고 전성기를 구가하던 회사가 서서히 내리막길을 걷게 되면서 각자의 위치에서 묵묵히 일했던 기자들은 스스로에게 묻기 시작했다. '뭔가 잘못되어 가고 있다.'

혼자가 아닌 다수가 품었던 공통된 질문이 그간 회사에 축적된 문제들을 담은 '성명서'로 바뀌었지만, 그 때만 해도 조합원 누구도 그 싸움이 이후 4년간 이어질 줄은 감히 상상조차 못했다. 비슷한 문제의식을 느낀 이들이 의기투합했지만 아직 '연대'라는 말을 쓰는 것은 참 어색했다.

■ '내 이야기에 누군가 귀 기울여 준다는 것', 산별노조

노동조합을 결성하고 조합원들이 불합리함에 저항하고 빼앗긴 권리를 찾기 위해 싸우는 것은 헌법에 보장된 기본권이지만, 현실은 녹록치 않았다. 회사는 '뭉쳐 있는' 조합원들을 용납하기 싫어했다. 다양한 방식의 탄압이 이어졌다. 회사 안 노조로 머물렀던 우리는 신문사, 방송사 등 언론사들이 '크게 뭉쳐있는' 산업별 노동조합의 문을 두드렸다. 처음 해보는 투쟁이 조금씩 두려워지고, 과연 우리가 무엇을 더 할 수 있을지 막막한 순간이 종종 찾아올 무렵이었다.

벌써 10여 년 전이지만 산별 노조에서 일하는 상근자를 처음 만났던 순간의 분위기가 생생하다. 회사 내부에서는 해 본 적 없는 싸움에 대한 조합원들의 걱정이 커지고, 걱정이 때로는 불만으로, 이탈로 이어지던 때였다. 첫 회의를 마치고 느꼈던 든든함은 말로 표현하기 어렵다. 똑 부러지는 해답이나 그럴듯한 투쟁 전략을 도출한 것도 아닌데, 그저 우리의 싸움에 귀 기울여주고 깊이 공감해주는 몇 마디 대화에서 '찾아오길 잘했다'는 큰 위로를 얻었다.

무엇보다 이후 산별노조에 가입한 수많은 사업장에서 우리

제Ⅲ부 연대하는 삶

회사보다 더 힘들고 질긴 싸움을 하는 사람들을 만났을 때 확신했다. '그래, 우리만 힘들게 싸우고 있는 게 아니었어'.

아마 그 무렵부터 나는 '연대'라는 말이 지닌 힘을 조금씩 깨닫기 시작했던 것 같다.

■ 어디든 달려갔던 이유?

우리 신문사 지부는 조합원 90명이 조금 넘는 그리 크지 않은 조직이었지만 몇 년간 산별 노조 안에서 가장 왕성한 연대를 했던 곳으로 주목받았다. 언론노동조합 내 신문사 조직은 물론 당시 장기 파업에 나섰던 방송사 조직에 이르기까지 어디든 '연대하기 위해' 달려갔다.

큰 계기는 없었다. 어떤 사업장에서 노조가 싸움을 시작했는데 회사가 탄압한다는 소식이 들려오면 마땅히 가야 한다는 생각부터 들었다. 비록 짧은 기간이었지만 우리 역시 노동조합을 쉽게 인정하지 않는 사용자로 인해 고통스러운 나날을 보냈던 경험이 있었기 때문이다. 아이러니하게도 회사의 압박이 심해지고 그래서 더 힘들어질수록 다른 조직들과의 연대는 더욱 굳건해졌다.

어느 순간 나는 타 조직의 집회에서 연대발언을 위해 마이크를 쥐는 날이 많아졌고, 그 무렵 회사에서는 함께 활동했던 지부 간부가 해고당하는 사태가 벌어졌다.

당시 회사 앞에서 해고자 복직을 요구하는 1인 시위를 장기간 진행했는데 지금도 그때 사진첩을 들춰보면 감회가 새롭다. 신문사, 방송사, 언론 시민단체 구분 없이 정말 다양한 회사에 소속된 이들이 기꺼이 피켓을 들었다. '연대'라는 말도, '동지'라는 말도 더 이상 낯설지 않았다.

과거 2
연대의 현장, 농성장

■ 공인 노무사가 되었지만

4년간 노동조합 전임자로서 기나긴 싸움을 거치면서 자연스럽게 근로기준법이나 노동조합법과 같은 노동 관계 법령을 들춰볼 일이 많았다. 그러다가 아예 노동법을 제대로 공부해서 '공인노무사'가 되어야겠다는 새로운 꿈을 품게 되었다.

퇴사를 하고 10개월 뒤 운 좋게 공인노무사 시험에 합격했다. 하지만 합격할 당시만 해도 나는 많이 지쳐 있었다. 연대의 힘으로 달려온 4년이었지만 사람들 틈에서 겪었던 많은 일들이 마음 속에 상처로 남기도 했다. 싸우고 부딪치면서 알게 된 '노동의 가치'와 '노동조합의 소중함' 때문에 노무사가 되고자 했지만 정작 합격 이후 '연대의 현장'이 버겁게만 느껴지기도 했다.

연말이 다가오고 각자 수습 노무법인을 구하던 무렵, 문득 한 기사가 눈에 들어왔다. 얼마 전 삼성전자 반도체 공장에서 일하다 백혈병 등 희귀질환에 걸리거나 사망한 노동자들의 진상규명을 위해 지하철 2호선 강남역 8번 출구에 '반올림' 농성장이 꾸려졌다는 소식이었다. 순간 '농성장에 들러봐야겠다'는 다짐을 자연스럽게 하게 되었다. 비단 신문사 재직시절 기업들의 목소리를 대변하는 기사를 주로 작성했고, 한동안 농성장이 차려진 곳 바로 뒤 삼성전자 본관 기자실을 드나들던 '삼성 출입기자'였다는 부채의식 때문만은 아니었다.

■ 강남역 8번 출구, 그곳에 사람이 있다

연말 송년 모임으로 향하는 사람들로 북적대는 강남역 사거리 한 켠에 위치한 농성장의 입구를 찾는 것은 쉽지 않았다. 낮게 웅크린 천막에서는 불빛조차 새어나오지 않아 농성장 지킴이에게 전화를 걸었고, 그제서야 부스럭거리는 소리와 함께 천막 한 켠이 들춰졌다.

우산이랑 마이크 거치대 등을 세워 사람이 앉을 만한 높이를 간신히 확보한 농성장 안에는 뜻밖에 훈훈한 온기가 느껴졌다. 8명의 농성장 지킴이가 거기 있었다. 언론과 영화 속에서만 접했던 고 황유미 님의 아버님 황상기 님과 이종란 노무사를 비롯하여 생전 마주친 적도 없었던 이들 앞에서 쭈뼛쭈뼛 인사를 건넸다. "예전에 여기 삼성을 출입했던 기자였고, 얼마 전 노무사가 되었는데 꼭 와야겠다는 생각이 들었다"고, "꼭 다시 오겠다"고.

그날 밤 첫인사 이후 수습 기간 6개월 동안 반올림 농성장을 수없이 오가며 했던 일들은 그야말로 '연대'라는 이름으로 할 수 있는 모든 것들이었다. 밤을 지새우며 교대로 농성장 지키기, 농성장에 둘러앉아 함께 밥 먹기, 유가족과 피해자 분들의 아픔에 귀 기울이기, 농성장을 지나가는 시민들에게 우리가 왜 여기 있는지 설명하기, 농성장을 방문하는 이들과 이야기하기,

농성장에 마련된 화단에 물 주기, 문화제 참여하기, 삼성 본관을 돌며 방진복 행진하기, 농성장 앞 가판대에서 무료 법률 상담하기 등등.

우리가 '5성급 호텔'이라고 불렀던 반올림 농성장에서의 연대가 한층 특별했던 것은 수습 노무사들의 모임인 '노동자의 벗(이하 '노벗')'과 늘 함께였기 때문이다. '노벗'은 수습 기간 노동현장에서 노동자들과 함께 하는 다양한 활동을 펼치는데 그해 노벗의 핵심 활동 중 하나가 반올림 농성장 지킴이였다.

누가 먼저랄 것 없이 수습 법인에서 퇴근 후 농성장을 찾아 잠을 청하고, 문화제 등 각종 집회에도 참여했던 수습 노무사들 각자의 마음속에 자연스럽게 연대의 싹이 돋아났다.

나는 농성장 지킴이에 이어 삼성 반도체 공장에서 직업병을 얻은 피해자들과 그 가족들 수십 명을 만나 인터뷰까지 진행하게 되었다. 그중 한 분을 만나기 위해 미리 기록을 들춰보던 중 너무 놀란 적이 있다. 피해자분의 주민등록번호 앞자리가 정확히 필자와 같았다.

수십 년 전 어느 날 세상에 함께 태어나 각자 다른 경로를 밟아 살아온 두 사람이 이런 인연으로 만나게 된 것이 너무 신기했고 경계 없는 연대의 확장성을 실감하는 순간이었다.

■ 1,023일의 농성이 가능했던 이유

반올림 농성장을 들를 때마다 스스로 '사람이란 서로에게 어떤 존재일까'라는 질문을 자주 하곤 했다. 노무사 수습 시작 당시 막 150여 일을 넘기던 농성장은 몇 번의 계절이 바뀌고 해를 여러 번 넘기면서도 강남역 8번 출구를 떠나지 못했다. 마침내 농성일수를 알리는 숫자판은 1,023일에서 멈췄다. 대규모 노동조합도 아닌, 체계화된 거대 조직도 아니었던 반올림이 그렇게 긴 시간 동안 농성장을 유지할 수 있었던 저력은 무엇이었을까.

그 답은 농성장에서 늘 마주친 사람들로부터 어렵지 않게 확인했다. 그곳을 찾는 이들은 하나같이 타인의 고통에 깊이 공감했고 그 공감 때문에 뭐든지 보태야 한다는 생각을 했고, 그런 생각이 곧바로 다양한 행동으로 이어졌다. 농성장 지킴이 당번표에 공백이 보이면 누군가 몹시 춥거나 더운 농성장에서 보낼 시간을 떠올리면서 그 다음 순서를 자처했다. 농성장에서 잠을 자지 못한다면 그 미안함을 함께 나누는 밥 한 끼로, 이야기로, 위로로 대신하곤 했다.

그리고 각자의 마음속 깊은 곳에는 '아무리 국가 위의 권력 삼성이라도 이렇게 많은 사람을 죽거나 다치게 만드는 현실을 그냥 지켜볼 수만은 없다'는 인간으로서의 당연한 상식이 자리 잡고 있었다.

기나긴 농성을 마무리하던 문화제에서 필자를 비롯하여 농성장에 연대한 모든 이들에게 귀한 상장이 전달되었다. '최고의 연대상'이라는 제목 아래 "당신의 연대가 감사했다"는 따뜻한 인사말이 적혀 있었다. 그날 문화제에서 누군가는 거대한 삼성 본관을 가리키며 이렇게 말했다. "거대하고 구조적인 악을 부수기 위해서, 고통 당하는 사람들의 아픔을 치유하기 위해 필요한 것이 '연대'"라고.

현재 1
또 다른 연대, 직장갑질119

■ "회사에 불만 많으시죠?"_'직장갑질119'의 시작

공인 노무사가 된 직후 만났던 반올림 덕분에 '연대'의 본질을 깨닫게 되었다면 이후 활동을 시작한 민간 공익단체 '직장갑질119'는 노무사로서 지속 가능한 연대를 가능하게 해준 결정적인 계기였다.

2017년 겨울, 촛불 혁명 직후 사회는 격변의 시기를 맞이했지만 노동자들의 일터는 달라진 게 없었다. 일터에서의 변화가 필요하다는 데 공감한 몇몇 활동가, 법률가들은 흩어진 직장에서 일하는 이들의 목소리를 듣기 위해 카카오톡 오픈 채팅방 '직장갑질119'를 개설한다. 채팅방을 열고 이틀 뒤인가 활동가 한 명이 했던 말, "헬 게이트가 열렸다."

그만큼 채팅창에는 일터에서 부당하고 위법한 일들을 겪고 있는 '을'들의 제보, 상담이 말 그대로 쏟아졌다. 초창기 24시간 문을 열어둔 채팅 상담 담당자가 단 4~5명에 불과했으니 화장실도 못 간 채 비 오듯 쏟아지는 채팅 상담에 응대했다는 후일담은 과장이 아니었다.

필자가 직장갑질119 실시간 채팅 상담창에서 상담을 시작한 것은 채팅방이 열린 지 일주일쯤 지난 시점이었다. 생전 처음 해보는 온라인 실시간 상담이 꽤 부담스럽기도 했지만 참여를 결정한 이유는 매우 선명했다. 랜선 너머에서 누군가 간절히 구조의 손길을 요청하고 있다는 사실, 그리고 그 손을 잡아줄 이가 좀 더 많이 필요하다는 사실.

■ 한 사람의 용기로 시작된 '직장 내 괴롭힘 금지법'

직장갑질119가 출범 이후 5년간 만든 변화가 적지 않지만 가장 의미 있는 사건 중 하나는 근로기준법상 '직장 내 괴롭힘 금지' 조항을 신설하는데 핵심 산파 역할을 했다는 것이다. 법이 만들어지기 전 채팅창에서 상담을 하면서 무기력함을 느끼는 순간이 많았다. 오늘도 출근하자마자 부장이 30분씩 벌 세우면서 훈계를 하고, 상사와 동료들이 자신만 빼놓고 회의를 하고, 원래 자신이 했던 일을 하나둘 뺏어간다며 직장인은 하루하루 출근길이 지옥 같다는데, 정작 노동법 전문가라는 필자는 "현행 법 체계에서 당장 대응할 방법이 없다"는 대답밖에 할 수 없다.

직장갑질119에 제보되는 사례들은 건수도 많았지만 그 내용에 있어서도 상상을 초월하는 심각한 사례가 적지 않았다. 그때마다 직장갑질119 상근자들이 제보된 사례들을 모아 언론에 알리고 이를 바탕으로 '법이 필요하다'는 공론화 작업을 이어갔다.

결정적으로 A 병원의 재단 이사장이 해마다 간호사들에게 선정적인 춤을 강요한 '장기자랑' 동영상이 직장갑질119에 제보되면서 '직장갑질'이 본격적으로 사회적 화두로 떠올랐다. 맨 처음 채팅방에서 누군가 '이 방에 A 병원 근무자가 있냐'는 질문을 던졌고, 한 달만에 그 병원에는 1,000명 이상이 뭉친 노동조합이 출범했다. 그동안 각자 부당한 일을 당하면서도 '내가 부적응자인가?', '내 실력이 부족해서 그런 걸 거야', '조금만 더 참고 버티자'고 숨을 죽였던 사람들이 하나둘 목소리를 냈기에 가능한 드라마틱한 변화였다.

그리고 A 병원의 사례를 어디선가 지켜보면서 용기를 낸 또 다른 이들이 숨겨왔던 이야기들을 날마다 수십 건씩 직장갑질119에 보내왔다. 현행 '직장 내 괴롭힘 금지법'은 그렇게 탄생했다.

아직은 여러 한계가 내재된 법이지만 이제 막 직장인들에게는 기댈 수 있는 작은 언덕이 마련된 셈이다. 적어도 법이 만들어지기 이전까지는 할 수 없었던 직장 내 괴롭힘 '신고가' 가능해졌다. 2019년 7월 16일 '직장 내 괴롭힘 금지법' 시행 100일 만에 회사 내 신고를 넘어 노동청에 신고된 건수만 1,000건이 넘었다.

처음에는 개별 노동자들이 직면한 고통에서 벗어나기 위한 각자의 호소였지만, 어느 순간 얼굴도 모르는 많은 이들이 직장갑질119 채팅방에서 서로를 위로하고 소통하는 모습이 일상으로 자리 잡았다. 더 이상 혼자가 아니라는 사실을 확인함으로써 오늘 또 출근할 수 있는 힘이 생겼다.

■ '느슨하지만 강력한' 연대체의 비밀

직장에 만연한 '갑질'을 없애야 한다는 공감대 하나로 '뭉친' 직장갑질119는 변호사, 노무사, 노동조합 활동가들의 무료 재능기부로 유지되어 왔다. 채팅 상담 외에도 이메일 상담, 오프라인 상담, 언론 제보 등 다양한 방식으로 직장갑질119에 재능 기부하는 이들이 어느새 150명을 넘겼다. '직장갑질119 스태프'라 불리는 이들의 자발적 연대가 없었다면 하루 평균 80건, 누적 10만여 건의 상담조차 불가능했을 것이다.

특이한 점은 직장갑질119 활동에 참여하는 이들은 아직까지 서로의 얼굴을 전부 알지 못한다는 사실이다. 각자 선 자리에서 생업에 종사하면서 바쁜 시간을 쪼개 채팅 상담, 이메일 상담, 언론 대응 준비 등에 함께 하다 보니 마치 '점 조직'처럼 운영된다.

느슨해 보이지만 다른 어떤 조직보다 끈끈하게 뭉친 직장갑질119 스태프들에게는 공통점이 있다. 대부분 '노동' 분야에서 현업에 종사한다는 사실 외에 가장 열악한 처지에 놓여있는 비정규직, 특수고용, 소규모 사업장 노동자들을 주로 만난다는 것이다.

다만 필자를 포함하여 다수 노동 분야 법률가들이 실제 만났던 노동자들은 노동조합 조합원이거나, 노조를 만들 가능성이 있거나, 그나마 법률가들을 찾아올 여력은 남아 있는 이들이었다. 고작 10% 초반대의 노동자들에게만 노조가 허락된 대한민국에서 직장갑질119의 문을 두드리는 직장인들은 대부분 '노조 밖' 노동자들이었다.

어쩌면 바쁜 일상에 쫓기는 직장갑질119 스태프들은 사회가 외면하고 법이 보호하지 못하는 노조 바깥 노동의 실체를 비로소 정면으로 마주한 순간부터 이곳에 머물러야 할 이유를 발견했다. 한 번쯤 채팅 상담을 건너뛴다고 해서, 상담 메일에 대한 답변이 하루 이틀 늦어진다고 해서 누구도 뭐라고 할 사람이 없지만 오늘도 1,000명에 가까운 이들이 모여 있는 채팅방에 접속하는 이유다.

지독한 갑질에 시달리는 직장인에게 지금 꼭 필요한 것은 비록 멀리 있지만 자신의 이야기를 들어주고, '네 잘못이 아니야' 라고 말해줄 수 있는 누군가의 존재이기 때문이다.

현재 2
이어진 연대의 끈

필자는 입사 15년이 되기 직전 사직서를 제출했다. 마지막 출근을 하던 날 나름 다짐했었던 것은 '노무사가 되더라도 당분간 언론사와 얽힌 일은 하지 않겠다'는 것이었다. 겉으로는 대접받고 거칠 것이 없어 보이는 신문사 기자의 이면에 도사린 어둡고 비루한 일상들이 노동과 결합하여 드러나는 밑바닥을 더는 보고 싶지 않았던 것 같다. 그런데 이런 다짐이 무색하게 현재 필자의 노무사로서의 업무의 대부분은 신문, 방송사 노동자들을 만나는 일이다. 필자는 다수 언론사 노동조합의 자문 노무사이고, 필자가 담당하는 부당해고 사건이나 노동청 진정 사건의 당사자 대다수가 기자 등 언론사 종사자들이다.

특히 방송 업종에서는 회사에 의해 프리랜서로 '위장된' 특수형태고용 노동자들의 노동조건 개선을 위한 활동을 몇 년째 이어가고 있다. 방송 프로그램 제작 현장의 스태프들이 뭉쳐 노동조합을 만드는 준비 과정에 함께 했고, 지역 민영방송사인 CJB 청주방송에서 14년간 무늬만 프리랜서로서 최저임금도 받지 못하고 일하다가 근로자지위확인소송 과정에서 '억울해서 미치겠다'는 유서를 남기고 사망한 故 이재학PD 진상조사위원회에서 활동했다.

돌이켜보면 그래도 신문, 방송과 연결되었던 시간이 얼마인데 그 인연을 송두리째 부정하려고 했던 자신이 참 오만하고 어리석었다.

7년차 노무사로 접어드는 지금, 언론과 연관된 활동을 가장 많이 하게 된 것은 결국 언론사에서 오래 근무하면서 목격했던 그곳의 노동환경의 문제들을 누구보다 자세히 알고 있기 때문인 듯하다. 다른 노무사였더라면 '언론사가 원래 그런 거 아냐?', 혹은 '기자들이 그 정도도 못 버티면 어떻게 해?'라고 지나칠 수 있었을 장면들이 필자는 불편하다. 너무도 오랜 시간 동안 언론 종사자들은 '그 바닥은 원래 그래'라는 말 한마디에 의해 권리를 박탈당해 왔다.

뿌리 깊은 상명하복식 조직 문화는 '직장 내 괴롭힘'을 당연시하는 도구로 악용된다.

필자 역시 4년간의 노동조합 활동을 마치고 현업에 복귀했을 때부터 퇴사 전까지 몇 개월간 '직장 내 괴롭힘'으로 고통받았던 기억이 있다. 담당 부서 부장이 아침마다 책상 옆에 필자를 세워두고 비아냥대며 꼬투리를 잡았지만 어제까지 동지였던 동료 중 누구도 선뜻 나서지 못하던 그때, '타닥타닥' 쉼 없이 들려오던 노트북의 자판 소리를 기억한다.

어쩌면 그때의 기억으로 인해 나는 누군가 별일 아니라고 치부해 버리는 억울한 사정을 들을 때마다 '분명 또 다른 사정이 있을 것'이라는 합리적 의심을 갖게 되었다. 내가 만난 대부분 상담자들의 이야기는 내 생각이 단순히 의심이 아니라 사실임을 확인시켜 주곤 한다.

미래_지속 가능한 연대를 위하여

지난 2020년은 전태일 열사가 평화시장에서 '근로기준법을 준수하라'고 외치며 산화한 지 50주기가 되는 해였다. '전태일 50주기 공동 출판 프로젝트'의 일환으로 출간된 '여기, 우리, 함께(지은이 희정)'라는 책에 법률가들의 연대에 관한 짤막한 글이 실렸다.

부끄럽게도 필자의 이야기도 등장하는데, 그 꼭지의 이름은 '서로가 서로에게 사람이라면'이다.

법률가, 그중에서도 '노동법' 전문가라는 노무사의 숙명은 '사람들 속에서, 그들의 이야기에 귀를 기울이는 것'이다. 우선 그들이 어떤 일을 겪었는지, 무엇 때문에 그토록 억울해하는지, 어떤 구조가 그들을 죽음으로 내몰았는지 듣고 공감하는 과정이 없이는 그 다음 단계로 나아갈 수 없다. 그렇기 때문에 노무사는 언제나 사람들과 굳게 연대하는 현장에서 노무사가 되어야 했던 이유를 새삼 발견한다.

예고 없이 닥쳐온 언택트 시대, 뭉쳐야 힘이 나는 노동자들의 단체행동은 가로막혔고, 집단적으로 모여 정당한 목소리를 내는 일조차 번번이 저지당한다. 하지만 손을 맞잡은 연대가 거부당한 자리에서 우리는 온라인을 통해 가능한 다양한 방식의 연결을 고민한다. 직장갑질119를 넘어 더 넓은 지역에 흩어진 불특정 다수를 이어주는 고리를 상상한다.

무엇보다 연대의 시작은 누구나 마음 한 켠에 존재하는 '이타적 유전자'이다. 그러니 얼굴을 맞대고 직접 눈물을 닦아준 적 없더라도, 누군가의 죽음을 함께 애도하고 멀리서 힘을 보탤 방법을 궁리한다.

아직 연대라는 말이 어색하더라도, 비록 타인의 고통에 대해 눈물조차 나오지 않는 무감각한 자신을 발견하더라도 포기하기엔 이르다. 연대는 서두르지 않고, 천천히 내딛는 발걸음 속에서 비로소 활짝 피어나는 것이니.

내가 만난 416 사건과 기억운동*

김 은 호
(희망교회 목사, 별들과함께하는 와동온마을학교 대표)

들어가며

많은 국민이 그랬던 것처럼 저 또한 2014년 4월 16일 오전 텔레비전으로 침몰해가는 세월호를 만났습니다. 그리고 잠시 후 '전원구조'라는 소식을 듣고 안도했습니다. 하지만 일을 마치고 저녁에 다시 듣게 된 소식은 전혀 다른 소식이었습니다. 전원구조는 오보였고, 아직 배 안에는 300명이 넘는 승객들이 남아있다는 청천벽력같은 소식이었습니다. 그래서 집에 와 교인들과 어떤 기도모임을 진행하면 좋을지에 대한 이야기를 나누고 있는데, 지역의 한 활동가로부터 전화를 받았습니다. 단원고등학교에서 촛불기도회를 진행하면 어떻겠냐는 전화였습니다. 그렇게 저는 4월 16일부터 4월 18일까지 단원고등학교에서 '무사귀환을 바라는 침묵 촛불기도회'를 진행하였습니다. 하지만

* 이 원고는 2020년도 전남대 인문주간에서 발표한 특강 원고를 수정 및 보완한 것으로, 원고에 언급된 기준 시는 2020년임을 밝힙니다.

우리의 기도와 바람과는 상관없이 단원고 250명, 일반인 승객 54명이 희생되는 거대한 참사를 맞닥뜨리게 되었습니다. 이후에는 마을에서 마을주민들과 함께 리본만들기, 동네 촛불, 상처받은 주민들을 치유하는 이웃대화모임 등을 진행하였습니다. 그리고 제가 살고 있는 마을인 와동에서 별이 된 69명의 아이들을 기억하는 방식으로 마을교육공동체를 만들어, 우리 마을이 416 이전과는 다른 마을, 좀 더 공동체가 확장되고, 안전한 마을로 만들겠다는 약속을 별이 된 아이들과 하게 되었습니다.

지난 6년 동안 416 안산시민연대 공동체 회복위원장 등을 맡아서 지역에서 416과 관련한 공동체 회복 활동을 비롯하여 다양한 활동들을 해왔을 뿐 아니라 마을에서 '416을 기억하는 주민한마당', '마을과 기억 문화제', '안산시민 치유돌봄 이웃대화모임', '마을갈등해결을 위한 이웃대화모임 진행자 양성과정', 416 가족과 함께하는 마을공동식탁, 416 가족과 함께하는 예배 등 416 가족들과 함께하고, 별이된 아이들을 기억하며, 주민들을 돌보고 치유하는 일들을 해 왔습니다.

이제 2014년 별이 된 아이들과 한 약속을 지킬 때가 되었다는 마음으로 마을교육공동체인 '별들과함께하는 와동 온마을학교'를 올 해 6월에 개관하고 마을 내의 416 운동의 거점공간으로서 다양한 활동들을 해 가고 있습니다. 그렇게 저는 2014년 4월 16일부터 현재까지 안산이라는 지역사회와 69명이 별이 된 '와동'이라는 마을에서 416 참사의 기억운동을 지속적으로 진행하고 있습니다.

2016. 0416 우리는 어떤 사건을 접하였는가?[1)]

2014년 4월 15일. 날씨가 좋아 모두들 아주 기쁘고 들뜬 마음으로 수학여행을 떠났습니다. 수학여행비가 없어 수학여행을 못갈 뻔했지만 이웃의 도움으로 수학여행을 떠나게 된 친구, 별로 수학여행이 내키지 않았지만 부모님의 설득으로 수학여행을 떠나게 된 친구, 수학여행 가서 할 공연을 준비한다고 한 달 넘게 공연 연습을 한 친구들, 그렇게 325명의 아이들이 각자 자기만의 이야기를 갖고 수학 여행길에 올랐습니다. 하지만 배가 출발해야 하는 6시 30분에 안개로 인한 시정주의보가 내려져 출항이 연기되었습니다. 하지만 시간이 흘러 8시 30분이 되었을 때 인천해경에서 인천항 운항 관리실에 연락해 시정이 양호해졌음을 통보하였습니다. 그렇게 4월 15일 밤 9시 세월호는 인천항에서 출발하였고, 출항의 뱃고동 소리에 아이들은 환호하였습니다. 이 배에는 생애 처음 쿠르즈 여행을 떠나는 단원고등학교 학생들 외에도 초등학교 동창생들과 환갑 기념 제주도 관광을 가는 노인, 인천과 제주를 주기적으로 왕복하는 화물트럭 기사, 새로운 터전을 찾아 제주로 이사하는 가족, 2박 3일간 세월호 식당에서 일하고 11만 7천원을 받기로 한 아르바이트 대학생 등 447명의 승객을 태우고 제주도를 향해 인천 앞바다로 나아갔습니다. 그리고 4월 16일 아침이 밝아왔습니다. 바다는

---

1) 오준호, 『세월호를 기록하다—침몰·구조·출항·선원, 150일간의 세월호 재판 기록』, 미지북스, 2015 참조.

신기할 정도로 잔잔했고 마치 호수와 같았습니다. 7시 30분부터 단원고 학생들을 비롯한 배의 승객들은 아침식사를 했고, 갑판에서 일반 승객들이 휴대폰 카메라로 병풍도의 풍경을 촬영하고 있었습니다. 그런데 8시 49분 배가 왼편으로 약간 기울다가 갑자기 크게 기울었습니다. 그렇게 세월호는 비명과 신음 등이 넘치는 아수라장이 되었습니다. 냉장고에 깔린 학생들이 있었고, 로비 기둥에 머리를 찧은 승객이 있었습니다. 넘어진 여학생 쪽으로 소파가 미끄러져 여학생의 얼굴을 때리기도 했습니다. 하지만 배가 기울기 시작하고 나서부터 9시 50분까지 '선내에 움직이지 말고, 대기하라'는 방송이 한 시간이나 반복되어졌습니다. 그리고 해경 경비정 123정과 헬기가 9시 35분 경 세월호에 접근하였습니다. 하지만 9시 38분경 기관부 선원들만 해경 고무단정을 타고 탈출하였습니다. 그리고 9시 49분경 선장과 갑판부 선원, 그리고 필리핀 가수 부부를 구조한 123정은 세월호로부터 멀찍이 떠났습니다. 그리고 결국 탈출 방송을 한 번도 하지 못한 채 10시 14분 세월호는 물기둥을 뿜으며 침몰하였습니다. 시시각각 아이들로부터 배가 침몰하고 있다는 소식을 들은 단원고 학부모들은 단원고등학교로 모이기 시작하였습니다. 그런데 그때 '전원구조'라는 소식이 언론을 통해 나왔습니다. 부모들은 아이들이 바다에 빠졌다가 구조되어 추울 것이라는 생각으로 옷을 들고 다들 진도로 향했습니다. 하지만 진도로 향하던 차 안에서 시신이 인양되었다는 소식을 듣기 시작하였고, 무엇인가 잘못되었다는 사실을 직감하게 되었습니다. 그리고 언론은 계속해서 수백 척의 항공기와 군함들이 아이들을 구조하고 있다는 소식을 전하였습니다. 그러나 예은 어머니께서 가거차도에 있는 주민과 전화를 해본 결과 수백 척의 항공기와 군함들은 고사하고 실제로 구조 잠수부들도 투입되지 못하고 있다는 사실을 확인하게 되었습니다. 그렇게 진도 팽목항에 도착한 부모님들은 250여명의 아이들이 여전히 배 속에 갇혀 있는데도 아무런 구조도 하지 않고 있는 모습을 보면서 극심한 충격에 빠질 수밖에 없었고, 사비를 털어 직접 배를 타고 사고 현장으로 가서 울부짖는 일 밖에 할 수 있는 일이 없었습니다.

416 참사와 사건

저는 416 참사를 재난으로 보는 사람들을 종종 만납니다. 물론 저 또한 416 참사를 재난으로 보는 것을 반대하지는 않습니다. 하지만 416 참사를 재난으로만 바라보는 것은 절대적으로 반대합니다. 왜냐하면 416 참사는 우연히 일어났거나 일회적인 '사고'가 아니라 한국사회에서 언젠가는 일어날 수밖에 없는 '사건'이기 때문입니다.

416 참사가 일어나기 6일 전 한 사고가 있었습니다. 4월 20일 장애인의 날을 10일 앞둔 4월 10일에 장애등급심사센터가 있는 국민연금공단 성동광진지부 앞에서 장애인들의 기자회견이 있었습니다. 이 기자회견에서 장애등급제 때문에 활동보조를 받지 못한 한 장애인이 자신의 처한 상황에 대한 발언을 한 후 장애등급심사센터에 이의 신청을 했습니다. 하지만 받아들

여지지 않았습니다. 그리고 3일 후 그 장애인이 머물던 자립생활 체험 홈에 작은 화재가 발생했습니다. 비장애인들에게는 아무것도 아닌 화재였습니다. 하지만 그는 움직일 수 없었고, 활동 보조가 없어서 그렇게 화마를 당할 수밖에 없었습니다. 그리고는 416 참사가 일어난 다음 날인 4월 17일에 그는 숨을 거두었습니다. 송국현이라는 분이십니다. 누가 보기에는 장애인에게 일어날 수 있는 한 사고이지만, 이 사고는 장애등급제 문제를 한국사회에 알리는 '사건'이 되었습니다.

416 참사를 '사건'으로 보기 시작하면서 제가 416을 이해하고 바라보는 시각이 달라지기 시작했습니다. 왜냐하면 416 참사가 어쩔 수 없이, 또는 누군가의 실수로 일어난 재난이 아니라 한국사회의 고질적인 병폐인 신자유주의로 표현되는 산업 물질문명이 자신의 모습을 적나라하게 드러낸 '사건'이기 때문입니다.

그리고 우리가 사건을 주목하기 시작했을 때 꼭 기억해야 하는 것은 '사건의 연결성'입니다. 사건은 서로 연결되어 일어난다는 것입니다. 특별히 구조화된 위기를 지닌 한국 사회가 지닐 수밖에 없는 필연적 과정입니다. 한국 사회가 지니는 구조적 모순 속에서 모든 사건들은 하나의 흐름을 형성해 갈 수밖에 없습니다.

한국 근현대사에서 일어났던 동학농민항쟁과 일제 강점기의 독립운동, 4·19 혁명, 전태일 분신, 광주 518 민중항쟁, 87년 6월 항쟁, 416 참사, 촛불혁명의 사건들은 서로 연결되어 역사적 흐름 속에서 사회적 전환을 이루기 위해 새로운 사건으로 역사의 밑바닥에서 끓어오르다 분출되는 용암과도 같은 것입니다. 이러한 사건의 연결성은 서로의 사건이 얼마나 역사적 흐름으로 연결되어 있는가에 있기도 하지만, 또한 사건이 지니는 확장성 즉 '나에게서 우리로, 개인으로부터 공동체로, 한 집단에서 전체로, 실존적 존재에서 자기 초월의 존재로서의 경험'을 함께 공유함으로 서로에게 영향을 끼치고, '사건의 기억'을 확장 시켜주는 힘을 주는 것에 있습니다.

그러기에 416 참사는 2014년도 일어났던 '참혹한 재난'에 머물러 있어서는 안됩니다. 여기에서 사건에 핵심적으로 등장하는 것이 '사건에 대한 증언이자 해석'입니다. 과연 우리는 416 참사의 많은 증언들에 대해 어떤 해석을 해야 하고, 그 해석을 통하여 더 이상 416 참사와 같은 일이 발생하지 않도록, 416 참사가 한국사회의 새로운 변화를 이끌어내는 사회변혁의 힘으로 작용할 수 있을지에 대한 진지한 고민과 성찰이 필요할 것입니다. 그리고 416 참사가 한국 사회에 일어났던 수 많은 '사건'들과 어떻게 연결되어 있고, 어떤 영향을 주고 받고 있는지에 대한 고민도 우리들이 416 참사라는 '사건'을 제대로 이해하는데 꼭 필요한 일입니다.

416 참사가 한국 사회가 지닌 구조적 모순을 아주 잘 드러내주는 하나의 '사건'으로 표현하고 있는 송경동 시인의 '우리 모두가 세월호였다'[2]는 시가 있습니다. 그 시의 일 부분을 함께 나누겠습니다.

돌려 말하지 마라
온 사회가 세월호였다.

---

2) 고은 외 68인, '우리 모두가 세월호였다', (실천문학사, 2014) 중에서

오늘 우리 모두의 삶이 세월호다.
자본과 권력은 이미 우리들의 모든 삶에서
평행수를 덜어냈다.
사회 전체적으로 정규직 일자리를 덜어내고
비정규직이라는 불안정성을 주입했다.
그렇게 언제 침몰하지 모르는
노동자 세월호에 태어진 이들이 900만명이다.
사회의 모든 곳에서
'안전'이라는 이름이 박혀 있어야 할 곳들을 덜어내고
그곳에 '무한 이윤'이라는 탐욕을 채워 넣었다.
이런 자본의 재해 속에서
오늘도 하루 일곱 명씩 산재라는 이름으로
착실히 침몰하고 있다.
생계 비관이라는 이름으로
그간 수많은 노동자 민중들이 알아서 좌초해가야 했다.
그렇게 수없이 많은 이들이 지하 선실에 가두어진
이 참혹한 세월의 너른 갑판 위에서
자본만이 무한히 안전하고 배부른 세상이었다.
중략~
그런 자본의 무한한 축적을 위해
세상 전체가 기울고 있고 침몰해 가고 있다.
그 잔혹한 생존의 난바다 속에서
사람들의 생목숨이 수장당했다.
그런데도 가만히 있으라고 한다.
돌려 말하지 마라
이 구조 전체가 단죄받아야 한다.
사회 전체의 구조가 바뀌어야 한다.
이 처참한 세월호에서 다시 그들만 탈출하려는

이 세월호의 선장과 선원들을 바꾸어야 한다
우리 모두가 이 위험한 세월호의
선장으로 기관장으로 갑판원으로 조타수로 나서야 한다.
이 시대의 마지막 남은 평형수로 에어포켓으로
다이빙벨로 긴급히 나서야 한다.
이 세월호의 항로를 바꾸어야 한다.
이 자본의 항로를 바꾸어야 한다.

저에게 다가온 416참사는 언제든지 다시 일어날 수 있는 참사였고, 또한 이 참사는 이 사회를 살아가는 모든 사람들의 아픔일 수밖에 없습니다. 우리 모두가 피해자이기도 하지만 또한 우리 모두가 가해자이기 때문입니다. 416참사는 우연한 사고이거나 일회적인 사고가 아닙니다. 그리고 정권이 교체되어 대통령이 바뀐다고 해서 일어나지 않을 사건은 더더욱 아니었습니다. 벌건 대낮에 아주 잔잔한 바다에서 일어났던 세월호의 침몰사고. 아무도 구하지 않은 정부와 해경, '가만히 있어라'는 선체 방송을 남기고 해경의 구조선을 타고 떠난 승무원들의 행태, 그리고 언론의 거짓 뉴스 등은 우리가 직면한 한국사회의 민낯을 온전히 보여준 '사건'이었습니다.

416 참사와 기억

한 추모 미사에서 예은이 아버님이신 유경근 님(당시 대변인)은 이렇게 호소했습니다. "어떤 말로 위로가 될 수 없습니다. 다만 이렇게 이야기해주십시오. '한 달 뒤에도 잊지 않겠습니다. 1년 뒤에도, 10년 뒤에도, 평생 잊지 않겠습니다.' 그것이 저희에게는 가장 큰 힘이 됩니다. 저희가 가장 두려워하는 것은 잊히는 것입니다. 우리 아이들이 잊히고 우리가 잊히는 것입니다."

우리가 416 참사를 기억하는 방식은 어떤 것일까 하는 고민을 많이 해왔습니다. 기본적으로 기억은 오래 갈 수 없고, 또한 우리들의 기억은 자의적으로 사건을 왜곡할 수밖에 없기 때문입니다. 그래서 많은 사람들은 416 참사가 일어난 후 416 이전과 이후는 달라야 한다는 이야기를 참 많이 했습니다. 우리가 416을 기억하는 방식은 416 이전과는 다른 사회를 만들어 가는 것으로 드러나야 하기 때문입니다.

이렇듯 우리가 416 참사를 기억하는 것은 416 참사를 사고가 아니라 '사건'으로 기억하는 것이어야 합니다. 사고로서의 기억은 그때, 그 시간에 일어났던 한 번의 사고, 그리고 그때 희생당한 특정되지 않는 희생자들을 향한 기억일 수밖에 없습니다. 하지만 사건으로서의 '기억'은 희생당한 한 사람, 한 사람이 어떤 삶을 살아왔고, 어떤 꿈을 갖고 있었으며, 희생자들의 가족들은 지금 어떤 삶을 살아가고 있는지에 대한 '기억'입니다. 그래서 이 기억은 누군가 한 사람의 희생자 죽음을 넘어서서 나와 너의 죽음을 경험하게 하고, 희생자들의 고통이 아니라 우리의 고통이 될 수 있습니다. 이러한 '기억'이 확산되는 과정을 통하여 한국사회의 새로운 변화를 위한 울림을 만들어 낼 수 있습니다. '사건'을 기억하는 과정을 통하여 나와 너의 경계를 넘어서고, 우리에게 주어져 있는 저 너머의 세상을 '지금 이곳'으로 가져오는 과정이 바로 '기억의 과정'입니다. 정경일 님은 '애도, 기억, 저항'[3]이라는 글에서 '기억은 과거와 현재를 잇는 다리이다. 기억을 통해 우리는 과거에 경험한 것을 현재 시점에서 재경험한다. 또한 기억의 다리는 그 위로 걷고 있는 개인과 공동체의 정체성도 형성해 준다. 기억의 연속성을 통해 '나'가 되고 기억의 공유를 통해 '우리'가 된다. 인간은 기억함으로써 자신과 공동체와 다시 하나가 된다. 그 하나 됨은 삶과 죽음의 경계도 넘는다. 독일의 가톨릭 신학자인 요하네스 메츠는 고통의 기억을 통해 산 자는 죽거나 잊혀 말을 할 수 없는 이들과도 연대할 수 있다고 한다. 이처럼 기억은, 인간을 경계를 넘어 서로 기대고 관계하는 존재가 되게 한다'고 말하고 있습니다.

416 참사가 우리들에게 말로 다 할 수 없는 극심한 고통과 아픔을 던져준 사건이지만 그럼에도 우리에게 제공해준 선물들이 있습니다. 그중 하나가 '기억'에 대한 새로운 통찰을 갖게 해주었다는 사실입니다. 우리가 어떤 사건을 기억한다는 것은 피해자 또는 피해자들의 관계자, 그 지역 사람들의, 또는 피해자들과 함께하고자 하는 몇몇 사람들의 몫이었습니다. 하지만 416 참사는 전 국민이 함께 아파했고, 함께 울어주었으며, 함께 기억을 다짐하였습니다. 그러기에 별이 된 아이들의 어머니 아버지가 바로 전 국민의 어머니와 아버지가 되었습니다. 이러한 '기억 운동'은 정부의 무관심과 언론의 방해에도 불구하고 전 국민 350만 명이 특별법 제정에 함께 해주었습니다. 엄마의 마

3) 김진호 외, '사회적 영성'(현암사, 2014).

제Ⅲ부 연대하는 삶

음을 담아 온라인에서 만든 '엄마의 노란 손수건'에서 며칠 만에 수 만 명의 회원이 가입되어 전국 각지에서 다양한 세월호 진실규명과 416을 기억하기 위한 활동들을 진행했습니다. 그리고 전국 각지에서 416을 기억하기 위한 지역 모임이 만들어졌고, 현재는 7,500여 명의 유료회원들과 약 20개의 지역본부를 지닌 416연대라는 조직이 구성되어 있습니다. 아직까지 해외에도 12개국의 45개 도시에 416 기억하는 모임이 있습니다. 이렇게 416을 기억하고자 만들어진 많은 모임들은 이후 박근혜 퇴진운동과 촛불혁명, 그리고 각 지역사회에서 각자 다양한 모습으로 많은 활동들을 지속적으로 진행하고 있습니다.

특별히 416 참사 이후 이미 아픔을 겪었던 광주의 시민들이 만든 광주시민상주회는 416 가족분들에게 큰 힘을 주었을 뿐 아니라 각 지역의 416 기억 모임에 참 많은 감동과 활동의 본보기가 되었습니다. 이처럼 우리가 416 참사를 기억한다는 것은 2014년 4월 16일에 일어났던 세월호가 침몰되는 그 '사건'만을 기억하는 것이 아니라 그 이후 어떤 활동으로 416 기억운동이 확산되어졌고, 또한 한국사회가 어떻게 변화되어 가는지를 함께 '기억'하는 것입니다.

무엇보다 우리가 기억해야 하는 것은 416 가족분들의 참사 이후의 변화된 모습입니다. 416 가족분들의 지난 6년 6개월의 시간들은 참으로 쉽지 않은 시간들이었습니다. 하지만 정부의 탄압과 언론의 농간에도 흔들리지 않고, 조를 나눠서 반별로 전국을 누비며 직접 국민들을 만나면서 서명을 받았을 뿐만 아니라 자신들을 필요로 하고, 자신들의 이야기를 듣고 싶어하는 곳이라면 국내외를 막론하고 방문하여 416 참사의 진실을 전하였으며, 농성, 삭발, 단식 등 진상규명을 위한 할 수 있는 활동은 다 했다고 해도 과언이 아닙니다.

이러한 416 가족분들의 진상규명을 위한 끊임없는 활동은 416 참사 기억 운동을 가능하게 해주는 바탕이 되었습니다. 이 과정이 가능했던 것은 별이 된 아이들이 자신들에게 주고 간 선물이자 숙제인 '한국 사회를 좀 더 안전한 사회, 지금보다 생명이 더 존중받는 사회'로 만들어야 한다는 의지가 자신들을 피해자를 넘어서서 한국사회의 파수꾼으로서의 역할을 감당하게 해주었습니다.

이처럼 416 가족분들은 그 어떤 일보다 피해자로서 배-보상에 관심을 두고 이를 위한 활동을 할 수 있었음에도 불구하고 '왜 우리 아이들이 그렇게 수장될 수밖에 없었는지'에 대한 궁금증을 풀기 위한 '진상규명' 활동을 지속적으로 진행하였습니다. 그 궁금증이 풀어져야 더 이상 이런 참사가 일어나지 않는 안전한 나라가 될 수 있다고 믿고 있고, 자신들의 활동이 우리나라를 더욱 안전하고, 정의로운 나라로 만들어가는 과정이라는 믿음이 있었기 때문에 가능한 일이었습니다. 이러한 416 가족분들의 기억 운동은 스스로에게 '나에게서 우리로, 개인으로부터 공동체로, 한 집단에서 전체로, 실존적 존재에서 자기 초월의 존재로서의 경험'을 가능하게 해주었고, 또한 많은 국민들에게 이러한 경험들을 확산시켜 주었습니다.

그리고 250명의 부모들이 지닌 다양한 의견들이 있었음에도 불구하고 늘 순간순간 '집단지성'의 힘을 보여주며 아직까지

416 참사의 진상규명을 밝히기 위한 가족분들의 활동은 한국사회의 '기억운동'의 새로운 이정표를 세웠다고 할 수 있습니다.

416 참사의 기억공간으로서의 마을

416 참사 이후 안산에 내려와 계셨던 정혜신 박사는 416 가족분들에게 필요하고, 그들에게 상처를 딛고 일어설 힘을 줄 수 있는 사람은 어떤 전문가가 아니라 함께 울고 웃고 떠들었던 마을 주민들이라는 이야기를 하였습니다. 416 참사 이후 마을이 중요할 수 밖에 없는 이유입니다. 저는 416 참사 이전부터 마을 공동체 활동을 진행해 왔지만 416 참사 이후에 마을이 지닌 새로운 가치와 의미를 발견할 수 있었습니다. 그래서 저는 416 기억 운동은 마을에서, 마을 주민들과 더불어 함께 해야 한다는 신념으로 열심히 마을에서 '416 기억운동'을 하고 있습니다. 416 참사 이후 제가 새롭게 발견한 마을이 지니는 의미와 가치 그리고 중요성에 대해 정리를 하겠습니다.

첫째 마을은 피해자 가족들이 여전히 살아가는 또한 언젠가는 다시 돌아와야 할 '삶의 자리'입니다. 416 가족들이 견디어야 하는 아픔은 말로 다 표현할 수가 없습니다. 그 아픔을 가장 잘 어루만져 줄 수 있는 사람은 다른 전문가가 아니라 옆 집 이웃들이자 마을 사람들입니다. 그래서 그 마을의 건강성은 416 가족들이 그 마을에 얼마나 남아 있는지를 보면 확인할 수 있다고 말을 합니다. 아픔을 당한 피해자들을 직접적으로 치유하고 보담아 줄 수 있는 사람들이 바로 마을 사람들이기 때문에 마을이 중요할 수밖에 없습니다. 그만큼 마을은 고대로부터 더불어 함께 치유하고 보듬으며 살아가는 공동체였습니다. 단지 급속한 산업화로 인해 마을 공동체가 파괴되어졌을 뿐입니다. 416 참사가 일어난 후 사람들이 공동체 회복을 이야기할 때, 언제 공동체이었던 적이 있는지에 대한 질문을 많이 했습니다. 그때마다 제가 했던 말이 '태초에 공동체가 있었다'는 말이었습니다. 사실 우리 인류의 역사 가운데 대부분의 시간은 공동체로 지내왔던 것이 사실입니다.

둘째는 마을에 간접 피해자들이 함께 있기 때문입니다. 사실 한 마을이라고 하지만 옆집에 누가 사는지도 잘 모르고 살았습니다. 하지만 우리 동네 살았던 아이들이 희생당했다는 소식에 그렇게 함께 아파하고 울었습니다. 가슴에 응어리가 맺었습니다. 하지만 그 아픔을 치유하지 못하고, 제대로 상처를 꿰매지도 못하고 그냥 꼭꼭 숨겨두었습니다. 언제 다시 상처가 곪아 터질지 모릅니다. 미리 준비를 해야 합니다. 서로가 가진 그 상처를 서로 꺼내놓게 하고, 서로 치유하기 위해서, 서로가 얼굴을 대고 만나고 있는 마을이 중요할 수밖에 없습니다.

셋째는 더 이상 국가 체제를 믿을 수도 국가체제에 의지할 수도 없기 때문입니다. 416 참사가 일어난 후 국가가 보여준 모습은 여간 실망스러운 모습이 아니었습니다. 차마 말로 다 표현할 수 없을 정도입니다. 특별 조사위원회를 구성하였지만 파행적이었습니다. 대통령이 눈물 흘리면서 진상규명을 위해서 어떠한 일도 하겠다는 말은 공허한 수사에 불과하였습니다. 물론 지금도 마찬가지입니다. 촛불혁명이후 정부가 바뀌었고, 지금의 대통령은 416 진상규명을 위해 모든 노력을 다 하겠다고 약속을 하였습니다. 하지만 바뀐 것은 없습니다. 여전히 416 가족분들은 청와대 앞에서 피켓팅을 하고 있고 오늘(10월 6일)부터 '7주기까지 진상규명'이라는 슬로건으로 전국을 진실버스를 타고 진상규명을 밝혀 달라는 활동을 시작하였습니다.

그렇게 국가가 할 수 없다면 마을에서 시작해야 합니다. 국가가 하늘에서 떨어지는 것이 아니라 우리나라에 있는 온 마을이 국가를 만들어 낸다는 사실을 직시하고 마을에서부터 만들어가야 합니다. 언제까지 국가가 해주기를 바랄 수는 없습니다. 국가가 하지 못한다고 하면 마을에서부터 진행하면 됩니다. 우리 마을에서부터 시작하여 옆 마을로, 또 그렇게 옆 마을로 확대해 나가면 국가를 움직이는 건 어렵지 않습니다. 왜냐하면 이것이 바로 민주주의이기 때문입니다.

넷째는 416 참사 같은 사건은 언제든지 일어날 수 있기 때문입니다. 416 참사와 많이 다른 사건일 수도 있습니다. 하지만 어떠한 사건이든지 피해자가 있고, 그 피해자 동네가 있을 것이며, 또한 국가가 언제나 피해자의 편에 서주지 않을 것이기 때문입니다. 그러기에 우리들에게 어떠한 문제와 사건이 발생하였을 때의 완충장치로서의 마을은 절대적으로 필요합니다. 더 정확하게 말하면 마을 공동체가 필요합니다. 각 마을에서 공동체 문화가 확장되어야 하고, 각자가 친밀한 유대관계를 형성하고 있어야 합니다.

다섯째는 결국 돈이 지배하는 사회, 경쟁이 우선시 되는 사회, 이윤이 사람보다, 생명보다 우선시 되는 사회에 대항해야 하기 때문입니다. 많은 어르신들이 옛날에 보릿고개는 있어도 지금처럼 힘들지는 않았다고 합니다. 그때는 다 들 가난하고 먹고 살기 힘들었지만 마을이 있었습니다. 마을에서 더불어 함께 나누는 문화와 풍습이 있었습니다. 사람들이 돈과 성공에 집착하는 이유는 한국 사회가 지닌 구조적 모순이 발생시키는 불안감 때문입니다. 이 불안감이 만들어 내는 공포와 두려움을 엉뚱하게도 돈과 성공으로 해결하고자 하기 때문입니다. 주소를 잘못 찾은 자신은 살아야 한다는 기본적 생존 욕구입니다.

그런데 서로가 더불어 나눌 수 있다면 조금은 가난하지만 지금보다 더 서로 평화롭게 살 수 있습니다.

마지막으로 '마을의 가치'에 대한 재발견입니다. 마을은 단순한 마을 공동체 운동만을 뜻하지 않습니다. 가치로서의 '마을'은 운동의 주체와 현장을 운동의 중심으로 새롭게 재편해가는 과정이며, 지금까지의 중심을 세우기 위한 운동의 방식에서 벗어나 주변의 관심을 모아내는 운동을 뜻합니다. 더 이상 효율과 성과 중심이 아니라 과정과 방식에 대한 새로운 접근을 고민해내는 현장 운동을 말합니다. 그러기에 실패가 또한 성과이기에 실패가 없는 운동, 권력의 집중이 아니라 권력을 분산시키는 운동, 민주주의의 결과를 만들어 내는 운동이 아니라 민주주의의 과정을 체험하는 운동이 바로 '마을'이라는 가치를 지닌 운동이라고 할 수 있습니다.

또한 '마을 운동'은 국가주의 전략을 배제하거나 대치하는 것이 아닙니다. 국가 안에서 국가를 넘어서는 운동입니다. 국가를 목적이 아니라 수단으로 삼는 운동입니다.(오재식) 그러기에 좀 더 구체화되어 있는 민주주의 운동이라고 할 수 있지 않을까 합니다.

정리하며

416 참사가 일어나기 한 달 전 쯤 안산지역에서 삼성반도체 산업재해 사건을 다룬 다큐멘다리 영화인 '탐욕의 제국' 지역 상영회가 있었습니다. 저는 그 영화를 보면서 '거대한 탐욕의 제국' 앞에 놓인 '한 생명'의 왜소함을 보았습니다. 거대한 탐욕의 제국의 유지를 위해 많은 생명들이 희생당하는 모습을 보면서 이 탐욕의 제국을 멈추지 않는다면 계속해서 더 많은 희생자들이 나올 수밖에 없음을, 그 희생자가 나를 포함한 우리가 될 수 있음을 느낄 수밖에 없었습니다. 그리고 한 달 후에 416 참사가 일어났습니다. 그러기에 저에게 다가온 416 참사는 사고가 아니라 사건일 수밖에 없었습니다.

'재난 유토피아'라는 말이 있습니다. 어떻게 '재난'과 '유토피아'라는 말을 함께 쓸 수 있을까 하고 생각할 수 있습니다. 하지만 재난은 더 이상 돌이킬 수 없는 이미 일어난 일이자, 지난 과거입니다. 하지만 유토피아는 현실이고, 희망이자 미래입니다. 우리가 겪는 재난이 사건이 되었을 때, 그 사건은 우리들에게 새로운 유토피아를 선물로 줄 수 있다는 말입니다. 한 마을이 온통 정전이 일어나는 사건이 있었습니다. 사람들이 그렇게 마을 전체의 정전을 겪고 나서 하늘의 별을 보게 되었다는 이야기입니다. 416 가족분들께서 별이 된 아이들이 많은 선물을 주고 떠났다는 이야기를 종종 하십니다. 세상은 나 혼자 살아가는 것이 아니라 더불어 함께 살아가는 것이라는 사실을 일깨워 주었으며, 또한 자신들이 한국 사회에서 해야 할 일들을 가르쳐 주었다는 것입니다.

올해 5월에 광주 518 민중항쟁 40주년을 맞이하여 '안산에서 광주까지, 진실을 찾아 떠나는 민주주의 순례의 길'이라는 자전거 순례를 기획하고 진행하였습니다. 광주와 안산은 여러모로 닮아있습니다. 피해 당사자들에게는 참 견디기 힘들 정도의 아픈 시간들이었지만 이 사건과 이 사건들을 기억하는 사람들을 통하여 한국 사회는 변화할 수 있었습니다. 그리고 여전히 광주와 안산에서 있었던 그 사건을 기억하는 사람들에 의해 '사건의 진실을' 찾아가는 여정에 있다는 사실입니다. 그러기에 518 사건을 경험하고 기억하는 광주와 416 사건을 경험하고 기억하는 안산의 연대 즉 '기억운동의 연대'는 한국사회의 새로운 변화를 가져다주는 전환점 이자 시발점이 될 수 있을 것입니다.

40년 전 광주를 기억하고, 416을 기억하는 사람들에 의해 나와 이 세상은 변화될 수밖에 없습니다. 또한 그것이 오늘을 살아가는 우리들에게 주어진 과제가 아닐까 합니다.

저는 416 가족분들이 안산 분향소에서 출발하여 팽목항까지 20일 동안 450km를 걷는 도보 행진 중 광주시민들이 보여주었던 따뜻함을 잊을 수가 없습니다. 416 가족분들께 들은 이야기이지만 '5월 어머니회'에서 누구보다 416 가족분들을 안아주고 품어주었다는 이야기는 큰 울림으로 다가왔습니다. 이 자리를 빌어 세월호 참사를 기억해주고, 당신들의 아픔과 고통을 넘어 416 참사의 아픔과 함께 해주신 광주 시민들께 안산 시민의 한 사람으로서 깊은 감사의 마음을 전합니다. 특별히 광주 시민상주회분들께 감사드립니다.

마지막으로 현재의 법으로는 7주기가 되는 내년 4월 16일이면 공소시효가 만료됩니다.[4] 그만큼 진상규명의 기회가 사라진다는 말이기도 합니다. 7주기까지 416 참사의 진상규명이 꼭 이루어질 수 있도록 광주시민들께서도 지금처럼 늘 함께 해주시길 부탁드리면서 마치고자 합니다. 감사합니다.

■ 참고자료

고은 외 68인, 『우리 모두가 세월호였다』, 실천문학사, 2014.

김진호 외, 『사회적 영성—세월호 이후에도 '삶'은 가능한가』, 현암사, 2014.

오준호, 『세월호를 기록하다—침몰·구조·출항·선원, 150일간의 세월호 재판 기록』, 미지북스, 2015.

4) 2020년 10만 국민청원을 통하여 2020년 12월 9일 국회 본회의에서 사회적 참사 특별법 개정안이 통과되면서 사회적 참사 특별조사위원회의 활동 기간이 2022년 6월까지 1년 6개월 연장되었고, 사참위 활동 기간 동안 세월호 참사의 공소시효가 정지되었다.

독재자에게 빼앗긴 시리아의 자유와 민주주의

압둘와합
(헬프시리아 사무국장)

한국에 처음 왔을 때는 시리아를 모르는 사람들이 많았다. 그래서 그 당시 나는 아름다운 시리아를 사람들에게 말하고 소개했다. 그러나 불행하게도 이제 시리아는 전쟁, 난민, 테러 등의 이미지로 인식되고 있다. 현재의 나는 시리아의 찬란했던 과거가 아니라 참혹한 현실을 설명하고 다닌다.

시리아의 근현대사를 보면 국가가 국민에게 폭력을 행사해왔고, 많은 비참한 사건들이 있었다. 그리고 안타깝게도 그 폭력이 현재도 진행되고 있어서 시민들은 고통 속에서 신음하고 있다. 이러한 폭력을 멈추고 정의롭고 평등하며 안전한 사회를 만들기 위해 시리아 국민이 계속 애쓰고 노력해왔지만, 아직까지 성공하지 못했다. 무엇보다 현재 시리아를 둘러싼 비극의 성격을 볼 때 국제 사회의 연대와 도움이 반드시 필요하다. 이제는 시리아 국민뿐만 아니라 국제 사회 역시 시리아의 비극을 멈추기 위한 노력을 함께 할 때이다.

지금부터 시리아 국민의 민주화를 향한 힘겨운 투쟁과 국가 폭력에 대해 서술하고자 한다. 참고로 이 글은 『내 친구 압둘와 합을 소개합니다』(김혜진, 원더박스, 2021)라는 책과, 지금까지 필자가 쓴 신문 기고문을 바탕으로 하여 내용을 추가했음을 먼저 밝힌다.

오스만 제국 이후부터 시리아 아랍 공화국까지

먼저 시리아를 처음 접하는 사람들을 위해서 시리아의 위치와 역사적 흐름부터 설명하자면, 시리아는 서아시아(중동)에 있는 국가로 크기는 남한의 두 배 정도(185,180km^2)이며 수도는 다마스쿠스다. 지리적으로 아시아·유럽·아프리카 세 대륙이 만나는 지점에 위치하고 있어서 일찍부터 국제 교역의 중심지가 되었다. 현재 시리아는 동쪽에는 이라크, 서쪽에는 레바논·팔레스타인과 지중해, 남쪽에는 요르단, 북쪽에는 터키를 이웃으로 두고 있으며 사용하는 언어는 아랍어다.

1516년부터 오스만 제국의 일부로 점령당했던 시리아는 세계 1차 대전에서 연합군이 승리하면서 독립하였다. 그러나 1916년 5월, 아랍 민족 지역을 분할하기 위해서 영국과 프랑스는 비밀리에 '사이크스-피코 협정(Sykes-Picot Agreement)'을 체결했다. 그 결과, 제1차 세계 대전이 끝난 후 1920년, 시리아는 '시리아 아랍 왕국'을 선언하였으나 불과 몇 개월 뒤 사이크스-피코 비밀 협정이 실행되면서 프랑스의 위임통치를 받게 되었다. 프랑스의 지배하에 들어간 시리아는 끊임없는 저항으로 맞서다가 1946년 4월 17일에 독립하여 '시리아 아랍 공화국(Syrian Arab Republic)'을 세운다.

하지만 독립 후의 행복한 시절은 오래 가지 못했다. 1948년에 이스라엘이 팔레스타인을 점령하였고('알나크바: 대재앙의 날'이라고 부름)시리아를 포함한 몇 아랍 국가들이 팔레스타인을 해방하기 위해 이스라엘과 전쟁(1차 중동 전쟁)을 했다. 하지만 아랍 군대는 이 전쟁에서 패했고 시리아군은 전쟁에서 졌다는 비난을 받았으며, 이로 인하여 군대와 정치 지도부 사이에 갈등이 발생했다. 그리하여 1949년에서 1954년 사이에 5차례의 군사 쿠데타가 일어났다. 쿠데타 이후 다시 정치가 일상적으로 돌아왔고, 아랍 민족은 하나라는 생각으로 단일한 정치적 공동체를 만들어 하나의 정부를 세우려는'아랍 민족주의'라는 시대적 흐름을 따라 시리아는 다른 아랍 국가들과의 통일 운동을 시작했다. 그 노력은 성공적이어서, 1958년 이집트와 연합하여 '아랍 연방 공화국'을 결성한다. 그러다가 1961년에는 아랍 연방 공화국을 탈퇴하여 '시리아 아랍 공화국'이라는 이름으로 독립하였다.

시리아 국민의 국가가 아니라 바트의 국가

시리아의 역사는 많은 좌절과 암흑기를 안고 있는데, 그중 가장 눈여겨볼 것은 바트당(아랍 사회주의 부흥당 Arab Socialist Ba'ath Party)의 집권과 알아사드의 집권이다. 현재 시리아의 현실을 이해하기 위해서는 이 두 가지에 대하여 알 필요가 있는데, 먼저 바트당에 대한 설명부터 시작하려고 한다.

바트당은 아랍 연방 공화국을 반대하다가 강제 해산되었다. 그러나 시리아와 이집트의 연합을 저지하기 위한 활동을 비밀리에 해오다가 결국 1961년 9월 28일에 군사 쿠데타를 일으켜 아랍 연방 공화국에서 시리아를 탈퇴시켰고 시리아와 이집트는 다시 분리되었다.

시리아는 제1차 세계 대전부터 바트당의 쿠데타가 있기 전까지는 정치적으로 비록 불안정하기는 했지만 지속적이고 다자적인 정치 운동이 있었고 여러 정당이 활동하며 정치적 봄날을 누리는 듯했다. 그러나, 바트당이 1963년 3월 8일 또다시 군사 쿠데타를 일으켜 국가 통치권을 완전히 거머쥐었다. 바트당 내에는 군사위원회와 정치위원회가 있었는데 군사위원회가 일으킨 쿠데타로 인하여 비상사태가 선포되었다. 바트당의 군사위원회는 철권으로 시리아를 다스렸다. 1당 체제가 되면서 민주주의는 끝이 났고, 정치적인 자유도 사라졌다. 바트당의 군대는 강압적이고 압제적으로 시리아를 통치했다. 그 시대를 '바트 국가' 시기라고 부른다.

군사위원회는 많은 특혜를 받았고 매우 빠르게 고위직으로 승진했으며 바트당 내의 정치위원회를 소외시켰다. 특히 여러 차례에 걸쳐 고속 승진을 한 공군 사령관인 하페즈 알아사드(Hafez al-Assad)가 1966년 국방장관에 임명되면서, 바트당 내에서 수많은 갈등이 일어났다.

바트의 국가 아니라 알아사드의 국가

많은 논쟁 끝에 하페즈 알아사드가 군사 쿠데타를 일으켜 통치자가 되었다. 여기서는 하페즈의 흑역사를 설명하고자 한다.

1967년 6월, 아랍-이스라엘 전쟁(3차 중동 전쟁 또는 6일 전쟁)이 일어났다. 아랍군(시리아, 이집트, 요르단, 레바논)은 패배했으며 이스라엘이 시리아의 골란 고원을 점령했다. 그러자 당시에 국방장관이었던 하페즈 알아사드에 대한 비난의 목소리가 커졌다. 그가 의도적으로 상부의 지시를 어기고 무능한 전투를 했다는 소문과 함께, 시리아뿐만 아니라 주변 아랍 국가에서도 그를 반역죄로 기소하자는 목소리가 높았다.

그리고 이스라엘과의 대결 문제로 요르단군과 팔레스타인 해방 기구 사이에 갈등이 발생했고, 이로 인해 1970년 9월에 양측 간의 전쟁이 벌어졌다. 이를 '검은 9월'이라고 부른다. 이 검은 9월 사건으로 시리아 바트당 내에도 갈등이 절정에 이르렀다. 검은 9월 사건에 시리아가 군사적으로 개입하는 과정에서, 국방장관인 하페즈 알아사드가 정부와 상의나 승인 없이 독단적으로 행동했기 때문이다. 바트당 총회의 요청으로, 하페즈 알아사드 국방장관을 해임하라는 대통령령이 내려왔으나 알아사드는 받아들이지 않았다. 오히려 1970년 11월 16일, 군사 쿠데타를 일으켜 정권을 장악했다. 그리고 7년 임기에 무제한 재선을 허용하는 제도를 만들고 명목상의 총선거를 통해 1971년 대통령 자리에 올랐다. 이로써 '바트 국가'는 사라지고 '알아사드 국가'가 시작된 것이다.

알아사드는 내부적으로는 정보기관을 기반으로 강력한 국정 체제를 이루었다. 그리고 대외적으로는 영국·프랑스·러시아 등의 지지를 등에 업고, 헤즈볼라·팔레스타인 세력 등을 통제하며 힘을 구축했다. 아사드는 모든 권력을 독점하고 그의 가족, 친척, 충성스러운 군인들에게 의존하며 시리아를 통제했다. 그는 2000년까지 30년간 시리아를 철권통치했다.

하페즈의 남동생인 리파트 알아사드는 고위직에 오를 자격과 기본 조건을 갖추지 못했음에도 자리를 맡았고 대통령의 동생으로서 많은 특혜를 받았다. 리파트는 시리아의 2인자가 되었고 (1984년부터 1998년까지 시리아 부통령) 대통령의 후계자로 여겨질 정도로 그의 권력은 커졌다. 리파트는 형인 하페즈보다 더 지독했으며 매우 잔인하여 국민에게 많은 두려움과 공포를 일으켰다.

1984년에 하페즈 알아사드와 리파트 사이에 권력을 놓고 분쟁이 발생했다. 리파트는 대통령 되려고 군사 쿠데타를 일으켰지만 실패했다. 결국 형제 사이에 합의가 이루어졌다. 리파트는 시리아를 떠나는 대가로 시리아 중앙은행에 있는 모든 외화와 보물을 가져 갔고, 추가로 당시 중재를 했던 리비아 대통령 무아마르 카다피를 통해서 2억 달러를 받아 유럽으로 갔다. 아사드 정권에 반대하다 유럽에 거주하게 된 시리아 사람들은 그가 저질렀던 학살을 혐의로 유럽 법원에 여러 번 소송을 제기했지만 모두 기각됐다. 그는 유럽(프랑스, 영국, 스페인)에서 호화로운 생활을 하다가 2021년 10월에 시리아로 돌아왔다.

하페즈는 장남 바셀(Bassel)이 그를 계승하여 시리아를 통치하도록 준비하고 있었지만, 1994년 교통사고로 바셀이 사망하였다. 그러자 하페즈는 영국 런던에 1992년부터 유학 가서 안과학을 공부하고 있던 둘째 아들인 바샤르(Bashar)를 불러들여 새로운 후계자로 급하게 준비시켰다. 2000년 6월 10일 하페즈가 사망하고, 한 달 후인 7월 10일에 바샤르가 아버지의 뒤를 이어 대통령이 되었다. 그가 대통령에 오를 수 있도록 헌법은 말도 안 되는 우스꽝스러운 방식으로 단 5분 만에 수정되었다. 바샤르 알아사드는 런던에서 살았었고 개방적인 사람처럼 보였으므로 당시에 국민들은 희망을 품었고 기대했다. 바샤르가 아버지 하페즈의 권력을 물려받아 현재까지 시리아를 통치하고 있으니 시리아는 1970년부터 지금까지 52년 동안 아사드 가문의 통치를 받아온 것이다.

하페즈 알아사드 통치 기간의 시리아

하페즈 알아사드는 오랫동안 시리아를 장악하기 위해 여러 가지 조치를 취했고, 이로써 현재까지 아사드 가문의 통치가 공고히 이어지고 있다. 그는 먼저 사회 구조를 마구 뒤흔들었다. 의도적으로 하위계층을 위로, 상위 계층을 아래로 역전시켰다. 그 과정에서 뇌물 수수 및 특혜가 원칙이 되었다. 그뿐만 아니라 알아사드 통치 체제는 국가 권력이 국민 생활을 지배하는 전체주의로, 경찰과 16개의 정보기관이 있었다. 이 조직들은 국민의 반대편에 서서 국민을 감시하고 주변국의 정보기관까지 통제했다. 시리아 국민은 자신의 의사 표현조차 자유롭게 할 수 없었다.

알아사드는 자신의 신념과 생각을 국가 기관과 교육 과정에 주입했다. 바트당 입당을 강요하는 정책을 수립하여, 바트당에 가입해야만 정부 기관에 일할 수 있게 했다. 또한 학생들은 중학교 등록 서류와 함께 바트당 입당 신청서를 작성해야만 중학교에 다닐 수 있었다. 그리고 고위 관직을 자신의 종파가 독점하도록 했으며 그들에게 다양한 특혜를 주었다. 알아사드가 속한 '알라위 종파' 출신은 졸업하자마자 좋은 일자리를 얻고 빠르게 승진하지만, 알라위파가 아닌 국민은 더 높은 학위나 자격이 있어도 취업하기가 어려웠다. 사소한 이유로 다른 종파 출신 군인을 해고하고 '알라위파'의 군인을 고속 승진시키기도 했다. 그 결과 짧은 시간에 '알라위 종파'는 군을 독점했으며 7만 명의 장교 중 6만 명이 알라위파 출신일 정도가 되었다.

알아사드를 추종해야만 자리를 차지할 수 있었으므로 지식인, 정치인, 종교 지도자(이맘, 목사, 신부 등)들의 권위도 추락했다. 종교 지도자들은 자리를 지키기 위해 정보 기관(비밀경찰: 무카바라트)의 정보원이 되어, 신자를 감시하고 정기적으로 상세한 보고서를 제출했다. 또한 한 일가 내에서도 불안하여 서로를 의심하며 항상 알아사드에게 충성하는 모습을 보여야 했다. 알아사드는 종교 및 종파 간에 불화를 심었고 사회를 분열시켰다.

하페즈는 헌법을 무시하고 국가 안보를 구실로 언제든지 시민의 자유와 재산을 박탈하도록 1963년 3월 바트 쿠데타 당시에 발령되었던 비상사태를 계속 유지했고 계엄령을 시행해 왔다(48년만인 2011년 4월, 시위하는 시민들을 회유하기 위해 폐지). 정권에 반대하는 사람은 체포했으며, 경찰과 정보원의 자의적 판단에 의한 체포나 도청·감청 같은 권력 남용과 횡포를 방치했다. 언론을 장악하고, 시위를 금지하고, 당·협회·시민단체 등을 설립하는 것을 제약했다. 정치적 활동을 하려는 사람들을 체포하고 군법정에 회부하여 무차별적이고 과도하게 사형을 선고했다.

시리아의 석유는 공식적으로 국가 예산에 포함되어 있었고 막대한 잉여 석유가 있었으며 정부는 그 잉여분에서 이익을 얻을 계획을 세우고 있었다. 그러나 아사드가 집권한 후, 석유는 공식적인 국가 예산에 포함되지 않는다. 대통령이 비밀리에 직접 관리하므로 석유 예산이 얼마였는지는 아무도 모른다. 그리고 일반적인 사업 분야에서도 알아사드 친척이나 부하의 보호를 받아야만 투자를 할 수 있다. 그들은 이름만 걸어 놓고 소유권의 절반 이상을 가져간다. 시리아는 천연자원과 전문 인력이 풍부함에도 이와 같은 이유로 발전하지 못하고 계속 퇴보했으며, 경제는 크게 침체되었다. 알아사드와 그 측근들은 마약·무기·밀수품을 거래하고, 심지어 유물들까지 판매하여 해외 조세 피난처에 규모를 상상할 수 없을 정도로 큰 재산을 쌓아 놓고 있다.

이미 오래전부터 시작된 시리아 혁명

하페즈 알아사드는 집권 후 열광적인 연설로 시리아 국민을 속이고 헛된 꿈을 팔았다. 그러나 곧 국민들은 거짓말을 발견하고 그의 진정한 모습을 알게 되었다. 사람들의 불만은 커졌고, 민주주의와 사회 평등을 회복하기 위한 운동을 시작했다. 이를 '시리아의 봄'이라고 부른다. 알아사드 정권은 철권으로 이러한 움직임을 억제하고, 평화 운동을 왜곡하여 불법 무장 활동이라는 누명을 씌웠다.

당시 이 민주화 운동에 참여한 조직 중 '무슬림 형제단'이라는 곳이 있었다. 이들은 하페즈 알아사드를 암살하려고 했다. 이에 하페즈는 '무슬림 형제단'을 테러 집단으로 보고 제거했다. 그런데 거기서 끝이 아니었다. 민주화 운동에 참여한 다른 모든 사람까지 무슬림 형제단의 일원이라는 혐의를 씌웠고 무슬림 형제단과 아무런 관련이 없는 사람들까지 테러 집단이라는 혐의로 체포되었다. 심지어 기독교인이거나 종교를 반대하는 공산주의 성향의 활동가들조차 민주화 활동에 참여했다는 것만으로 무슬림 형제단이라고 하며 체포했다. 그들은 고문을 받다가 사망하거나, 종신형 또는 사형 선고를 받았다.

하페즈 암살 시도 사건이 있은 후, 하페즈의 동생이자 고위 장교인 리파트 알아사드는 1980년 6월 27일에 병사들을 데리고 새벽에 타드모르 감옥(Tadmor Prison, 시리아 유적지 팔미라 밑에 있는 감옥으로, 정치범 및 군사범 구속자를 위한 특별 감옥.

'시리아의 봄'과 관련된 수감자들이 많았음)에 침입하여 끔찍한 학살을 저질렀다. 그날 1,200명 이상의 수감자들이 총알에 맞아 살해당했다. 시리아 국민들은 리파트 알아사드를 '타드모르의 도살자'라고 불렀다.

당국이 정확한 희생자 수를 비밀에 부쳤으므로 다양한 추측이 있으나 일부에서는 1,200명을 넘어선 것으로 보고 있다. 그러나 그것이 유일한 학살이 아니었다. 인권 단체들은 1980년, 1981년, 1982년에 타드모르 교도소에서 수백 명의 수감자들이 살해된 7건의 학살을 밝혀냈다. 그뿐만 아니라 '지스르 알-슈구르' 학살(Jisr al-Shughour massacre 1980), '알레포 공성전'(Siege of Aleppo 1980) 등 하페즈에 의해 여러 학살이 자행되었다.

시리아의 광주, 하마 대학살

하페즈는 민주화 운동을 이유로 1982년 2월 2일부터 27일 동안 시리아 중부에 있는 하마 시(市)를 포위했다. 정부는 경고 없이 하마로 가는 길들을 다 막았고 수도·전기 및 통신과 같은 기본적인 공공 서비스를 중지했다. 먼저 일주일 내내 비행기, 탱크, 대포 등 사용 가능한 모든 수단과 무기를 동원하여 무작위로 도시를 폭격했다. 이후에 군인들이 도시에 침입했다. 민간인 주택을 철거하고 좁은 도로를 무작위로 확장하여 탱크를 좁은 지역으로 몰아넣었다. 이 과정에서 많은 고고학 유적지와 중요한 유물들이 파괴되었다. 군인들은 절도, 강간, 고문, 현장 사형 등을 행하며 끔찍한 대학살을 저질렀다. 이 일로 4만~6만 명의 사상자가 생겼고, 실종자와 수감자가 아직까지 있다.

다른 지역에서 살던 하마 출신 사람들도 주민등록증에 하마시가 적혀 있으면 체포당했다. 그 후로 하페즈 알아사드가 죽을 때까지 하마의 출신 사람들은 고위직에 오르거나 경찰이나 군대에 소속될 수 없었다.

하마 대학살과 타드모르 학살 같은 끔찍한 학살이 발생하고 언론 탄압 등 구체적인 인권 유린 사례가 계속되었음에도 서구는 침묵할 뿐만 아니라 알아사드 정권을 지지해왔다. 이유는 하페즈 정권이 이슬람교와 거리를 두는 세속주의 성향의 정권이었기 때문이다. 하페즈는 이런 잔인한 방식으로 민주화 운동을 억제하고 철권통치를 강화했다. 그리고 시간이 흘러 2011년 시리아 혁명이 발발했을 때, 그의 아들 바샤르 알아사드도 아버지와 똑같은 방식으로 대응하였다.

아사드 가문의 2세대, 3세대

하페즈의 뒤를 이어 대통령이 된 아들 바샤르는 아버지의 억압적인 정치 방식을 그대로 답습했다. 그뿐 아니라 본인이 작은 일 하나까지 통제하며 모든 권력을 휘두르며 아버지를 능가했다. 그 역시 아버지처럼 정보기관과 군대를 기반으로 국정을 운영했다. 그는 마치 가족 소유의 농장을 운영하듯 국가를 통치했다. 그가 통치하는 동안 부패와 빈곤층이 크게 증가하였다.

그의 아버지는 바트당 안 요직에 있는 자들만이 국가와 사회를 이끄는 역할을 할 수 있게 했고, 알아사드 일가와 친척만이 국가의 중요 직책을 맡게 했는데 바샤르는 모든 분야에서 아버지의 발자취를 따랐다. 그는 형제인 마헤르(하페즈의 막내아들)에게 의지하여 군대를 이끌고 국가의 일을 운영하고 있다. 마헤르는 외국이 아닌 아버지 곁인 시리아에서 계속 살았고 일찍 군대에 입대하였으므로 사람들은 그를 하페즈의 후계자로 보았다. 그러나 하페즈는 둘째 아들인 바샤르를 후계자로 선택했다. 마헤르는 형인 바샤르보다 더 많은 군사 경험이 있으며 2인자가 되어 군대를 이끌었다. 또한 마헤르는 시리아 혁명을 막기 위해 많은 학살을 저질렀다.

아버지인 하페즈와 리파트의 관계처럼, 바샤르도 동생인 마헤르의 영향력을 줄이고 자신의 아들인 하페즈에게 권력을 넘기려 한다. 그리하여 바샤르의 장남 하페즈는 아직 고등학생이지만 공식 행사에 나타나며 국제 행사에서도 국가를 대표한다. 그는 교육 현실을 감시하고 교사들의 업무 수행을 감독하기 위해 중등학교를 시찰하기도 했는데, 이 일은 아사드의 지지자들에게까지 조롱거리가 되었다. 이와 같이 3세대 아사드 통치가 준비되는 중이다.

아랍의 봄과 시리아

만약 시리아 사람들에게'시리아'를 한 단어로 소개하라는 요청을 한다면, 아마도 '모자이크'라고 대답할 것이다. 다양한 민족·사상·종교(종파)의 사람들이 오랜 시간 평화롭게 함께 살아오며 서로를 존중했다. 낯설겠지만 시리아는 종교에 대해 매우 관용적인 태도를 가진 나라이다. 그러나 이런 '모자이크 같은 시리아'가 알아사드가 권력을 장악한 후에는 종파주의적인 국가로 변모했다. 알라위 종파가 권력을 독점하고 나머지 국민들은 알아사드에 대한 충성도에 따라 계급이 결정되었다. 시리아 국민들은 말한다. "알아사드 통치의 시작은 시리아 추락의 시작이다"라고. 대다수 시리아 국민의 꿈은 자유롭고 민주적이며 공정한 시리아다. 이를 달성하려면 독재 정권은 종료되어야 했다. 시리아 국민들이 비록 80년대에는 시리아에서 자유, 민주주의, 정의를 회복하려는 꿈을 실현할 수 없었지만, 다시 이 꿈을 이루기 위해 2011년, 혁명을 시작했다.

시리아 혁명의 원인을 인터넷에서 검색하면 많은 이야기가 있다. 주로 종교 갈등, 한 종교 내 종파 갈등, 민족 싸움, 경제적인 이유 등이 원인으로 나온다. 이것들이 모두 틀린 이야기는 아니지만, 외국 전문가, 특히 서방 언론들이 애써 주목하지 않는 분야가 있는데, 바로 정치이다.

앞서 언급된 원인들이 모두 시리아 혁명에 복합적으로 영향을 주고 있지만 사실 핵심은 정치이다. 대다수 시리아 국민은 알아사드 독재 정권을 싫어하고 반대했다. 정권을 교체하여 민주적인 방식으로 정의로운 정부를 세우고 싶은 마음이 혁명의 출발점이었다.

한 예로, 현재 시리아 정부를 지지하는 사람 중에는 수니파·

시아파를 포함한 무슬림도 있고 다양한 종파의 기독교인도 있으며 그 외 다른 여러 민족 출신도 있다. 또 정권에 반대하는 사람들 역시 무슬림, 기독교인, 기타 민족 등 다양하게 구성되어 있다. 혁명의 원인을 단지 민족이나 종교 간의 갈등만으로 설명할 수 없는 이유다. 알아사드 독재 정권을 지지하느냐 반대하느냐가 문제의 핵심인데, 서구의 언론들은 늘 이 쟁점을 피하고 시리아 문제를 바라본다.

2010년 튀니지에서 아랍의 민주화 운동인 '아랍의 봄'이 시작됐을 때, 이를 본 시리아 국민 역시 민주주의를 향한 희망을 품었다. 그리고 이를 위해 온·오프라인으로 각종 비공개 모임들을 열었다. 시리아 정부가 얼마나 야만적이고 억압적이며 권위적인 정권인지 알기 때문에 시민들은 두렵고 불안했지만 움직이기 시작했다.

시리아 정부는 예방책으로 외국 언론과 인터넷을 차단하고, 사회 유명 인물들을 더 엄격하게 감시했다. 예비군을 소집하고 은퇴한 비밀경찰 요원들까지 소집했다. 그럼에도 아랍의 봄 확산과 함께 시리아 국민의 목소리도 높아졌다. 여기저기에서 정부의 정치 방식에 반대하는 시위가 시작되었다. 그러나 이때까지만 해도 "알아사드는 물러나라"라는 구호는 입 밖으로 내지 못했다. 자유와 민주주의 보장, 부패 퇴치, 국가 발전 등에 대한 구호만을 외쳤을 뿐이다. 외국에 거주하는 시리아 사람들도 인터넷 모임을 주도하여 시리아의 현재 상황과 시리아에도 민주주의 바람이 불고 있음을 널리 알리기 시작했다.

시위는 점점 커지고 전국적으로 퍼져 나가기 시작했다. 시위가 점점 더 체계적으로 발전하면서, 시민들은 전국 동시 시위를 계획했다. 그리고 "알아사드 정권은 물러가라"라는 구호를 외치기 시작했다. 시민들은 한 손에는 장미꽃을, 한 손에는 생수병을 들었다. 그것을 군인들에게 건네며 "우리는 같은 시민이다, 같이 자유 시리아를 만들자"라고 외치면서 평화 시위를 했다.

대화 거부와 군사적 대응

바샤르는 아버지 하페즈의 길을 따랐다. 군사적 대응만이 혁명을 막는 유일한 방법이라고 생각하여 가능한 모든 방법으로 혁명에 맞서기 시작했다. 경찰뿐만 아니라 군인들까지 시위 진압에 나섰다. 시위자들을 체포했고 시위대에게 헬기 사격과 탱크 발포 등 과잉 대응으로 일관했다. 그뿐만 아니라 이란 및 레바논 무장단체인 헤즈볼라에게 도움을 요청했고, 이란군과 헤즈볼라 대원까지 시리아로 들어와서 시위를 막기 시작했다.

민주화 운동을 막기 위해서 시리아 정부군은 여러 지역을 비행기와 탱크를 동원하여 계속 무차별적으로 공격하고, 많은 학살을 저질렀다. 남성의 수염을 손으로 뽑거나 태우고, 가족 앞에서 소녀를 강간했으며, 부모 앞에서 칼로 아이들의 목을 베었다. 일부 민간인을 산 채로 불태우기까지 했다. 그리고 공포감을 주고 국민을 협박하기 위해 일부러 그 학살 장면들을 촬영하여 배포했다.

그럼에도 시리아 국민은 평화적으로 혁명을 이루어 갈 것을 주장하였다. 이것이 국제사회 앞에서 아사드를 곤혹스럽게 했다. 시위대가 무기를 사용해야 혁명의 의미가 훼손되고 아사드 정권이 군사적 해결책을 계속 사용할 수 있는 구실이 되기 때문이었다. 그는 시위대가 무기를 들게끔 암시장에 무기를 풀었다. 일반인들이 아주 쉽게 무기를 구할 수 있도록 무기가 풍부하게 퍼져 있었지만, 시위대는 사용을 거부했고 평화로운 혁명을 주장했다.

그러는 동안 군대 내에서도 혼란이 생기고 군대를 탈출하는 군인들이 생겨났다. 도망치는 군인들은 잡히면 현장에서 처형되었고 그렇게 또 많은 군인이 죽었다. 탈출했던 군인들이 7월 29일 '자유시리아군(Free Syrian Army)'을 만들었다. 처음에는 정부를 상대로 전투를 하지는 않고 많은 군인이 탈영하도록 돕는 역할만 했다. 그러다가 2011년 11월 16일에 첫 전투를 했다. 이들은 정부군 병영에서 훔친 무기나 전투에서 얻은 무기로 싸웠다.

2012년 초 시리아 정부와 사이가 멀어진 터키·사우디·카타르가 자유시리아군을 지원하면서, 반군은 점차 체계적으로 활동하기 시작했다. 그러나 반군을 지원한 국가들이 효과적이거나 치명적인 무기를 공급한 것은 아니었고 딱 반군이 버틸 수 있을 정도로만 지원했다. 부족한 지원에도 불구하고 자유시리아군은 2012년 말부터 2013년까지 승리를 거듭하여 시리아 면적의 90% 이상을 장악하는 데 성공했다. 그러나 2013년 8월, 자유시리아군이 다마스쿠스를 포위하고 대통령궁으로 진입을 눈앞에 두었을 때 갑자기 지원국들의 지원이 끊겼다. 지원국들은 "그만 철수하고 다마스쿠스로 진입하지 말라"고 요구했다. 그리고 그 와중에 시리아 정부는 다마스쿠스 인근 민간인 거주 지역인 구타를 화학무기로 공격했다. 국제법상 금지된 치명적인 이 무기의 사용으로 어린이와 여성을 포함한 1400명 이상이 사망했다.

그런데 시리아 정부의 화학무기 사용을 계기로 전쟁의 양상이 바뀌어 버렸다. 국제법상 금지된 화학무기를 사용했음에도 국제 사회의 비판 여론이 거세지 않자, 시리아 정부는 이것을 국제사회의 승인으로 해석하고 점점 더 잔인한 방법으로 시민들을 공격했다.

국민의 지지를 기반으로 한 자유시리아군은 조직적이고 충성스러우며 애국적이었다. 그러나 각 그룹별로 시리아 상황과 미래를 판단하는 관점이 달랐고, 국제 개입에 대한 입장이 다르다 보니 그 안에서 많은 세력으로 분산되었다. 지원국들은 통제하기가 쉽고 자신들을 따르는 그룹만을 택하여 지원했다. 그 과정에서 시리아 국민이 지지하는 그룹은 배제되어 갔고 결국 국민의 지지를 받지 못하는 기회주의적이고 부정한 사람들만 지원을 받게 되었다. 민주화와 자유를 꿈꿨던 순수하고 애국적인 사람들은 암살당하거나 지원국들의 힘에 의해 뒤로 밀려났다. 이제 순수한 혁명가들의 힘은 약해져 그들의 목소리가 잘 들리지 않게 되었지만, 그들은 여전히 정의롭게 시리아의 민주주의를 위해 노력하고 있다.

한편 IS 같은, 외국인으로 구성된 극단적 테러 세력도 이 시기의 불안정한 상황을 이용하여 2013년에 시리아로 침투했다.

IS는 주민들이 통제 지역을 떠나지 못하도록 막았다. 신분증 성격의 서류를 압수했고, IS를 지지하지 않는 시민들의 재산을 압수했으며, 참수와 현장 처형 같은 잔인한 방법으로 주민들을 통제했다.

IS는 이슬람의 이름으로 범죄를 저질렀다. 그러나 설령 이슬람교를 모르더라도 IS가 해 왔던 잔혹한 일들을 보면, 그들이 종교적인 것과는 거리가 멀다는 것을 알 수 있다. 그런데 아직까지도 IS를 소개할 때 '이슬람 수니파 무장 단체'라고 지칭하는 언론이 있다. 내 눈에는 이것이 단순한 실수가 아닌, 아랍 및 이슬람을 폄훼하려는 의도가 숨은 표현으로 보인다.

외국에 거주하는 시리아 사람들은 2011년 8월 23일, 터키 이스탄불에서 '시리아 국민평의회(Syrian National Council)'라는 정치 조직을 창립했다. 이후 여러 정치 조직들이 생겨나면서, 2012년 11월 11일 카타르 수도 도하에서 모든 반정부 정치 조직들이 모여 '시리아 혁명과 저항 세력 국민 연합(National Coalition for Syrian Revolutionary and Opposition Forces, NCSRO, 국민연합)'을 구성하기로 합의했다. 국제 사회는 국민연합을 시리아 국민 대표로 인정하였으며, 2015년 유엔 안전보장이사회와 유엔총회는 시리아의 비극을 평화적으로 해결하고 아사드 정권의 퇴진을 요구하는 결의 2254호를 발표했지만 아사드 정권은 이를 무시했다. 국민 연합은 현재까지도 활동하고 있지만 조직 내의 분열과 부패, 무능함 때문에 비판받고 있다.

시리아에서 비밀리에 벌어지고 있는 세계 3차 대전

순수하고 정의로운 목표를 위해 시작한 시리아 혁명은 '시리아 전쟁'으로 전환되었다. 전쟁이 장기화되면서 국제 대리전 양상을 띠기 시작했다. 각 국가나 정치적 세력이 시리아 전쟁에 참여하는 그럴듯한 명목상의 이유가 있겠지만, 실질적으로는 자국의 외교·경제·군사적 이익을 얻고 지정학적 우위를 확보하고자 하는 목적과 이에 대한 치밀한 정치적 계산이 숨어 있다. 이런 정황을 고려할 때 시리아에서 벌어지는 전쟁을 단순히 '내전'으로 볼 수만은 없을 것이다. 이를 내전이 아니라 '제3차 세계 대전'으로 보는 것이 지금의 상황에 대한 좀 더 정확한 진단이 아닐까 한다.

시리아에 있는 많은 세력은 강대국들의 이익에 따라 마치 도구들처럼 움직이고 있다. 다자간 전투가 벌어지고, 오늘의 친구가 내일의 적이 되고, 오늘의 적이 내일의 동맹이 되는 일이 비일비재하다. 이 지독한 악순환이 오늘까지 멈추지 않고 있다. 겉으로는 시리아가 한 나라처럼 보일지 모르지만, 현실은 강대국들이 통제하는 여러 지역으로 나뉘어 있다. 그 지역의 크기와 상황은 시리아 밖에 있는 강대국의 이해관계와 힘에 따라 계속 바뀌고 있다.

또한 알아사드 정권은 러시아에 지원의 대가로 항구, 공항, 공기업(인산염 회사 등)을 장기 계약(25~99년)으로 임대해주고 무제한 경제적인 특혜를 주었다. 러시아는 시리아 헤메이무

(Hmeimim) 공군 기지를 무기한 이용할 수 있는 사용권을 갖고 있으며 시리아 여기저기에 많은 군기지를 건설했다. 마찬가지로 이란 역시 큰 이득을 얻고 있으며, 시리아의 넓은 영토를 통치하고 직접 관리하고 있다. 정확한 통계는 없지만 시리아 국내 추산에 따르면 알아사드는 10만 명이 넘는 이란인에게 예외적으로 시리아 국적을 부여했다. 그 이란인들은 무력과 협박으로 시리아 국민들의 재산을 약탈하고 특히 경제에 깊이 침투하고 있다. 시리아 북서부는 터키의 영향을 받고 있고 시리아 동부와 북동부는 미국의 영향을 받고 있다. 영국과 프랑스도 시리아에서 군기지를 갖고 있다.

시리아 국민의 관점에서는 개입한 국가와 세력 역시 시리아 대학살의 가담자다. 결론적으로, 시리아 전쟁이 끝나지 않고 지속되는 이유는 국제 세력 간의 견해차에 따른 것이며, 현재의 일시적인 휴전도 각 개입국이 자국의 이득을 챙기고 영향력을 강화하려는 움직임 중 하나일 뿐이다. 필요한 경우, 다시 군사개입이 활발해질 것이며 그에 따라 시리아 정부의 힘이나 전쟁의 판도도 달라질 것이다. 아무도 시리아 국민들의 고통이나 시리아의 미래에 대해서는 염려하지 않는다. 개입하는 국가나 세력들은 적은 수고로 더 많은 이득을 얻으려고 경쟁하고 있을 뿐이다.

시리아의 참혹한 현실과 피해자인 국민들

발발한 지 11년이 된 시리아 전쟁의 피해자는 시리아 민간인들이다. 이들의 하루는 지옥의 1년처럼 길었다. 시리아 정부군은 고의적으로 먼저 학교, 병원 같은 공공시설을 폭격했다. 국민을 괴롭히고 압박하려고 수도·전기·통신 같은 기본적인 공공서비스를 중지했다. 어린이들은 공부할 수 없고, 환자들은 진료받을 수 없으며, 물품이 거의 사라진 시장에서 물건 가격은 수십 배로 증가했다. 그리고 민간인 거주지의 주택들을 폭격했으며 시체들은 잔해 속에 갇혔다.

시리아군은 기아를 '전쟁 무기'로 이용하여 전쟁범죄를 저질렀다. 주민들이 굶어 죽거나 항복하게 만들려고 여러 지역을 장기간 포위·봉쇄하고 보급을 차단했다. 주민들은 극심한 물자 부족과 무장 공격에 시달렸다. 수십 개의 지역이 몇 개월부터 몇 년까지 봉쇄되었다. 언론에 알려진 대표적인 지역으로는 다라야, 마다야, 야르무크 캠프 등이 있다.

봉쇄된 수십 개 지역에 살던 젖먹이 아기와 어린이를 포함한 주민들은 먹을 것이 없어서 풀로 죽을 끓여 먹고, 고양이와 개를 잡아먹거나 동물 사료를 먹으며 장기간 버텨온 것으로 알려졌다. 그 지역에서 아이 분유 가격은 1통에 미화 150달러, 쌀 1kg당 100달러까지 치솟았다. 영양실조에 시달리고 뼈만 앙상하게 남은 아이들과 어른들은, 얼굴이 너무 심하게 변하여 서로를 알아볼 수 없을 정도였다. 반군과 정부군 간의 정치적 협상, 국제적 압력 등 여러 노력으로 봉쇄는 풀렸지만 주민들은 눈물을 흘리며 자신들의 마을을 강제로 떠나 이주 지역으로 가야 했다.

또한 정부 통제권이 아닌 지역에 사는 주민들이 서류 발급이나 진료 등의 이유로 정부 통제 지역으로(주로 다마스쿠스) 갈

때도 문제가 생긴다. 테러 집단 합류 혐의로 체포되어 엄청난 돈을 요구당하곤 한다. 남성뿐만 아니라 아동과 여성도 잡아가서 약 30만 명이 시리아 정부 고문소에 갇혀 있다. 이에 포함되지 않는 실종자도 많다. 체포된 순간부터 심문을 받고 매뉴얼에 따른 의도적이고 체계적인 고문을 받았다. 전기 충격, 성폭행, 강간을 당하거나, 손톱·발톱을 뽑히거나, 끓는 물에 화상을 당하거나, 담뱃불에 지져지기도 했다. 최소 10만 명의 사람들이 고문소의 열악한 환경에서 고문이나 기아 등에 시달리다가 숨졌다.

2011년부터 2013년까지 고문소에서 숨진 수감자들의 시신을 사진으로 문서화하는 임무를 맡은 한 군인 사진작가가 있었다. 그는 2013년 아사드 정부에 의해 참혹하게 인권을 유린당한 11,000명의 시신 사진 5만 5천 장을 빼내어 도망쳤다. 그리고 카이사르란 익명으로 유엔과 미국 의회에 사진들을 넘긴 사건도 있었다.

고향을 떠난 시리아 난민들

무고한 주민들은 조금이라도 더 안전한 곳을 찾아 나고 자란 집을 갑작스럽게 떠나야 했다. 끊임없이 시리아 안을 돌아다니고 이주를 반복하며 고생했다. 무차별 폭격, 폭력 진압, 세력 간의 분쟁, 체포, 납치, 강제 징집 등의 두려움 속에 오랜 기간 시달렸다. 주민들은 포식자와 뱀으로 가득 찬 어두운 우물 같은 환경에 살면서 살아남기 위해 버텨야 했다.

그러나 날이 가도 해결책이 보이지 않자, 수백만 명이 넘는 시리아 주민들은 그 생지옥을 피해 시리아 인근 국가로 넘어갈 수밖에 없었다. 이웃 국가들은 초기에는 공식적인 게이트가 아니더라도, 별다른 서류가 없더라도 국경을 열었다. 몸만 달랑 가지고 떠났던 시리아 주민들은, 임시로 이웃 나라에 머물다가 고향이 안전해지면 곧 다시 돌아갈 거라는 희망을 갖고 있었다. 그러나 갈수록 시리아의 상황은 복잡해지고 악화되었으며 하루하루 그 희망이 사라져 갔다. 이웃 나라들은 이제 국경을 닫고 더 이상 시리아인들이 들어오지 못하도록 엄격하게 걸어 잠갔다. 이미 와 있는 시리아인까지도 하루 빨리 돌려보내려고 노력 중이다. 난민으로 인한 부담이 증가하면서 난민 추방을 요구하는 목소리도 점점 커졌다. 레바논에는 140만 명 이상, 터키에는 400만 명 이상, 요르단은 100만 명 이상의 시리아 난민이 있다.

시리아 난민들은 각 나라의 국민들이 하지 않는 위험하고 어려운 일을, 원래 받아야 할 임금의 절반만 받고도 기꺼이 한다. 시리아에 돌아갈 희망은 보이지 않고 비참한 하루하루가 이어지다 보니 더 인간답게 살기 위해서 더 멀리 갈 수밖에 없었다. 시리아의 비극을 피해 유럽으로 탈출하려다 터키 해변에서 숨진 채 발견된 세 살배기 시리아 난민 아일란 쿠르디처럼 6천여 명이 바다에서 익사하고 100만여 명이 유럽에 도착했다. 그리고 한국에 거주하는 이들도 1,500여 명(이중 인도적 체류자 1,231명, 난민 인정자 5명)이 된다.

아사드 정권은 정당성을 회복하고 승리했다는 것을 입증하기 위해 난민이 된 국민들이 빨리 시리아로 귀국해야 한다고 주장한다. 이것을 위해 다양한 방법이 동원되었는데 그중 하나가 각종 행정 증명서(신분증, 등기부등본, 토지나 농지 관련 서류 등)의 형식을 자주 바꾸어 국민들에게 갱신을 요구하는 것이다. 갱신을 하려면 직접 정부 기관에 가야만 한다. 그러나 강제 이주당한 난민과 실향민들은 관할 기관에 갔다가 체포될까 봐 두려워서 갈 수가 없다.

때로는 외화를 벌어들이기 위해 특정 대사관에서만 매우 높은 수수료를 받으며 일부 문서를 발행한다. 가족관계 증명서를 발급받거나 출생 신고를 하려면 1천 달러가량을 내야 하고, 혼인·이혼 신고의 경우엔 1천 달러 이상을 내야 한다. 물론 이것은 공식적인 수수료가 아니다. 공식적인 수수료는 추가로 따로 낸다. 시리아 밖에서 태어난 아이들, 특히 레바논이나 터키에서 태어난 아이의 경우 문제가 더욱 심각하다. 그 아이들은 신원을 증명할 수 있는 서류가 아예 없다.

시리아 여권을 가지고 해외에서 생활하는 사람들도 큰 문제에 봉착한다. 여권 갱신에 어려움을 겪는 것은 물론이고 많은 사람들이 여권을 갱신할 수 없다. 여권을 갱신할 수 있다 하더라도 공식 발급 수수료가 일반 300달러(발급 소요 기간 1~2개월), 특급 900달러(발급 소요 기간 2~3일)이며, 비공식 비용은 1,500달러 이상이다. 여권 유효기간은 2년이지만 실제 사용할 수 있는 기간은 1년 반이다. 만료 6개월 전부터 외국에 나갈 수 없기 때문이다. 안타깝게도 세계에서 가장 비싸고도 부실한 여권이다. 이전에는 이런 서류 발급 비용이 무료거나 적은 수수료로 가능했는데, 지금 아사드 정부는 국민의 발목을 잡고 장사를 하고 있다.

게다가 시리아 정부는 강제 이주시킨 이들의 부동산을 압류했다. 아사드의 부하들과 러시아·이란의 대기업들이 시리아 수도인 다마스쿠스와 그 인근지역(다라야, 동구타 등)의 재건 사업에 나섰는데, 부동산 등기부나 소유권을 입증할 만한 서류를 무효화해 시리아 정부 소유로 바꾸거나 친이란파·친러시아파인 아사드 부하들의 명의로 바꾸고 있다는 이야기가 있다. 만일 이것이 사실이라면, 이란은 이런 방식으로 다마스쿠스 및 외곽지역을 소유하여 앞으로 아사드 정부가 무너지더라도 계속 시리아에 영향력이 남아 있도록 계획하고 있는 것이리라. 실제로 해당 지역에서는 집이 폭격으로 무너지지 않았더라도, 시리아군과 이란 민병대가 지뢰 제거 작업을 하는 척하면서 집을 폭파한다. 한마디로 아사드가 자국민인 시리아인의 집들을 직접 없애고 있다는 뜻이다.

생지옥에 남아 있는 시리아 실향민

시리아 밖에 머물고 있는 시리아 난민들에게 많은 어려움이 있지만 그들의 삶은 시리아에 남아 있는 사람들보다는 훨씬 낫다. 국경을 넘어가지 못한 300만~400만여 명은 국경 근처의 비참한 실향민 캠프에서 언제 죽음이 올지 모르는 상태로 지내고 있다. 거의 모든 캠프가 시리아 북서쪽 터키 국경 앞에 설치되어 있는데, 텐트들이 다닥다닥 붙어 있어서 옆집에서 무슨 얘기를 하는지 들을 수 있을 정도다. 나무로 틀을 세우고 플라스틱판을 엎어 지붕을 만든 열악한 임시 텐트에서 혹한의 겨울을 맞는다. 바닥에서 자야 하는 아이들을 위해 목재를 깔아 보지만 땅에서 올라오는 차가운 기운을 막을 수 없다. 요즘은 이상 기후로 인해 시리아에 예전보다 눈과 비가 많이 와서 캠프 생활을 더 어렵게 하고 있다. 폭우와 눈은 캠프에 홍수를 일으키고, 캠프의 대부분은 하수 오물 처리가 되지 않아 피부병에 걸린 아이들을 어렵지 않게 볼 수 있다. 공동으로 사용하는 화장실도 매우 부족하다. 물과 전기 공급도 당연히 원활하지 않아 생활의 어려움이 크다. 교육 및 보건 서비스의 부족은 말할 것도 없다.

캠프 생활은 참혹하고 비참하다. 전투가 언제 다시 발발할지 모르니 불안에 떨며 산다. 일자리는 없고 생활 물가도 비싸다. 게다가 시리아 비극의 끝이 보이지 않자, 국제사회의 관심과 인도적 지원도 차츰 줄고 있다. 무엇보다 코로나바이러스감염증-19는 이들에게 큰 영향을 미쳤다. 검사할 장비나 확진자를 돌볼 의료 인프라가 없다. 의료진도, 마스크와 의약품도 턱없이 부족하다. 가장 큰 문제는 환자를 격리할 장소가 없다는 것이다. 따라서 한 캠프에서 확진자가 나타나면 캠프 전체가 장기간 격리된다. 또한, 전 세계가 앓고 있는 코로나바이러스로 인한 경제 위기로 이들을 향한 지원이 크게 감소하여 지금 매우 심각한 식량 위기에 처해 있다.

참고로, 아사드의 통제 지역이라고 평온한 환경인 것은 아니다. 열악한 환경으로 인해 아사드 지지자들 사이에서도 아사드에 대한 비판의 목소리가 나타나기 시작했다. 아사드의 통제 지역은 폭격을 받지 않았는데도 시설이 낙후되고 전기와 가스 같은 공공 서비스가 제대로 공급되지 않는다. 일반 국민들의 집에는 하루에 전기가 2~3시간만 들어오고 가스 공급도 끊겨버려서 난방과 요리를 하지 못하게 될 정도다. 그뿐만 아니라 납치는 일상적이고 마약, 성매매, 인신매매 등도 조직적으로 발생하고 있어 시민들이 더 불안에 떨고 있다.

2011년 2,300만 명이던 시리아 인구가 2018년 1,691만 명이 되었다. 11년 동안 지속된 시리아 비극으로 100만여 명 이상이 죽었다. 부상자는 수백만 명에 이른다. 시리아 국내 단체들에 따르면, 일부 지역의 장애인 비율은 30%에 이르는데 이는 전 세계 평균의 두 배이다. 60만여 명이 체포되었고, 고문으로 최소 20만 명이 죽었다. 아직도 30만여 명이 고문소에 갇혀있다. 시리아 정부군에 의한 실종자가 9만 명 이상이라는 인권 단체의 주장이 나오기도 했다.

유엔과 국제기구들에 따르면 시리아 인구의 85%가 빈곤선 이하에서 살고 있다. 유엔세계식량계획(WFP)은 현재 전체 국민의 절반이 넘는 930만 명의 시리아 사람들이 식량 수급 불안정 상태에 있다고 추산하고 있다. 식품 가격은 200% 폭등했고 이로 인해 전례 없는 기아 위기에 처한 상황이다.

1,500만 명의 시리아 사람들이 자신의 집을 떠났다. 그중 8백만 명이 시리아를 떠나 전 세계에 흩어졌다. 국경 근처 임시 캠프에만도 300만~400만 명이 있다. 시리아 안팎의 시리아 난민 아동 3백만 명 이상이 교육의 기회를 박탈당했다. 시리아 난민 다수를 수용한 터키, 레바논, 요르단의 통계를 보면 시리아 난민 아동의 중등 교육 기관 등록률은 13%로, 전 세계 평균 23%

에 한참 못 미친다.

아사드가 계속 남아 있다면

시리아의 비극이 길어지면서 어떤 나라들은 알아사드를 인정하고 예전 같은 관계를 회복하고자 한다. 특히 몇몇 유럽 국가와 요르단같이, 난민 부담을 안고 있는 국가들과 아랍의 봄을 막으려는 국가들이 아사드 정권과 관계를 회복하고 있다. 그러나 아사드가 계속 집권한다면 어떻게 될까?

아사드가 남아 있다면 800만 명 이상의 난민이 평생 외국에서 차별과 무시를 당하면서 고통스럽고 힘든 삶을 살게 될 것이다. 그리고 700만 명 이상의 실향민이 고향 밖 생지옥 같은 캠프에서 죽음을 기다려야 할 것이다. 또한 사회나 공공기관의 부패는 시리아에서'일상생활'이 될 것이다. 정의, 자유, 민주주의, 평등은 이루어지지 않으며 사회는 정글의 법칙대로 흘러갈 것이다. 그래서 시민들이 선택한 유일한 해결책이 혁명이었다. 아사드가 남아 있는 것이 모두에게 이득이겠지만 시리아 국민에게는 치명적인 손해다. 시리아가 살기 위해서는 독재적인 아사드 정권을 제거해야 한다.

하마가 지금의 광주처럼 되기 위해서도 아사드 정권은 물러나야 한다. 과거에 불행히도 두 도시의 비극이 비슷했다면, 두 도시의 현재와 미래도 비슷하기를 기원한다. 하마와 광주는 지구상 먼 거리에 떨어져 있지만 공통적인 운명이 있다. 두 도시 모두 큰 불행을 겪었고 학살자들은 처벌받지 않았다. 아직 사과도 없다. 그러나 두 도시의 차이점이 있다. 하마보다 다행히 광주의 희생자 수가 적었고, 양심을 가진 외신기자 덕분에 이 끔찍한 학살은 그 당시 전 세계에 알려졌다. 시간이 흐른 후 독재 정권은 교체되었으며 민주화 운동의 영향으로 이룬 민중의 주도권 회복은 오늘날까지 이어지고 있다. 또한 5·18광주민주화운동을 다룬 ≪택시 운전사≫라는 영화가 만들어져서, 현장 취재로 광주의 참상을 해외에 알린 외신기자 위르겐 힌츠페터와 그를 도운 택시 운전사 김사복, 그리고 광주 시민의 이야기와 그 잔인한 학살을 새로운 세대가 영화라는 문화 매체를 통해 여전히 기억하고 되새긴다.

불행히도 하마의 상황은 다르다. 당시 언론은 하마 대학살을 취재할 수 없었다. 투입된 군인들은 그 학살을 대중에게 누설할까 봐 몇 년 뒤까지도 감시와 협박을 받았다. 그리고 아이러니하게도 하마에도 외신기자가 있었다. 영국 언론인 로버트 피스크(Robert Fisk)가 하마 대학살을 직접 잠입 취재했다. 그러나 광주와 하마의 외신기자는 정반대의 편에 섰다. 로버트 피스크는 하페즈 알아사드로부터 특별 승인을 받아서 군인들과 함께 이동하며 자유롭게 취재했다. 그는 알아사드의 대변인이 되었으며 알아사드 정권으로부터 특별한 혜택을 얻었고 하페즈의 절친한 친구가 되었다. 그는 바샤르 알아사드 시대까지 알아사드 정권에 충성했다. 또 다른 점은 광주(한국)에서는 자유와 민주주의가 회복되었지만, 안타깝게도 하마(시리아)는 민주주의와 자유를 향하여 갈 길이 아직 멀다.

유프라테스강부터 한강까지 평화가 이루어지길

강대국은 자신들의 이익을 얻으려고 시리아에 개입했고 국제사회는 그동안 제 역할을 제대로 하지 못했다. 이제 이 비참한 상황을 바로잡아야 할 때다. 국제사회가 시리아에 올바른 방식으로 개입하여 폭력을 중단시키고 시리아 민간인을 보호해야 한다. 시리아 난민이 안전하고 자유롭게 귀환할 수 있도록 도와주기를 바란다. 그리고 그들이 고향에서 인간답게 살며 자유와 민주주의를 달성하도록 지원과 연대가 필요하다.

안타깝게도 시리아는 많이 무너졌다. 무너진 시리아를 재건하기 위해서는 거대한 인프라보다 먼저 사람을 세우면 된다. 시리아 국민이 인간다운 삶을 살도록 적절한 환경만 갖출 수 있게 해준다면 그들은 스스로 시리아를 다시 세울 것이다. 시리아의 번영을 회복할 수 있는 힘이 이미 그들 안에 내재해 있다. 적절한 환경만 주어진다면 한국 국민이 했던 것처럼 그들도 시리아에서 기적을 행할 것이다.

한국 국민은 식민지 시대, 전쟁, 피란, 독재를 겪었다. 시리아 국민과 비슷한 경험을 하고 같은 아픔을 겪은 한국인들의 공감과 따스함을 믿는다. 시리아인에게 내밀 너그러운 도움의 손길을 기대한다. 시리아 국민이 한국 국민의 발자취를 따라가고, 시리아와 한국이 더 정의롭고 밝은 사회가 되기를 바란다. 유프라테스강부터 한강까지 평화가 이루어지길 기원하는 간절한 마음으로 이 글을 끝맺는다.

국가폭력과 사회경제적 불평등에 맞서는 국제연대

이 상 현
('국가폭력에 저항하는 아시아 공동행동' 공동대표)

들어가며: "누구도 외부인이 아니다"

2017년 9월 25일 서울 마포구 경의선 공유지에서 열린 <아시아 자치구 서미트>에서는 대만, 홍콩, 중국 상하이, 일본, 남한 등지에서 모인 '반란자'[1]들이 "沒有人是局外人누구도 외부인이 아니다"라고 쓰인 현수막을 함께 들었다. 대만 원주민 영지 재개발 반대운동의 슬로건이었다. 각지의 당사자들이 아시아 곳곳에서 일어나는 젠트리피케이션, 재개발 반대운동과 다양한 자치공동체 운동 상황을 공유한 후, 이들은 서로 '외부인'

1) 이 행사의 참석자들은 스스로 '반란자'라고 명명했다. '남이 시키는대로 살 수 없고 제멋대로 튀어나와 세상을 휘저어놓'으며, 정부와 자본이 행하는 폭력에 대항해 일탈행위를 멈추지 않는 독자적인 문화권을 형성하며, 세태를 거역하며 교류할 수 있는 공간들을 만들어나가는 이들이라는 의미이다.

이 아니며, 자본과 국가 권력에 의해 침해되는 '우리'의 문제에 대해 연대하겠다는 '공동선언'을 채택했다. 또, 대만에서 온 참가자의 연대 요청을 받아, 홍콩 동북부 재개발을 막으려다 수감된 활동가들을 지지하는 성명서를 작성해 중국대사관 앞에서 기자회견을 열고 항의서한을 전달하기도 했다(한 참가자는 이에 대해 홍콩의 문제를 왜 중국대사관에 말하냐며 이의를 제기하였다).

나 또한 이 행사의 기획자 중 한 명으로서 참여했다. 행사의 해외 참가자들 중 많은 수는 그 전 해에 일어나 대통령을 퇴진시킨 한국의 '촛불운동'에 큰 관심을 갖고 있었다. 2014년 대만 국회를 점령한 학생들의 '해바라기 운동', 홍콩의 '우산운동'에 이어 아시아에서 또다시 강력한 시민운동을 일으킨 한국에 관심을 갖고, 그 사회 속의 사람들이 어떤 삶의 문제를 안고 무엇을 바꾸고자 했는지 궁금해하던 참이었다. 자유로운 교류로 시작된 행사는 서로의 상황을 공유하면서 자연스럽게 연대 행동으로 이어졌다. 언어와 사는 지역은 달라도 서로의 문제에 공감하고, 함께 행동할 방법을 즉각적으로 발견해낸 것이다. 그만큼 각자가 겪고 있는 문제들이 비슷한 성격이기도 했다. 청년, 예술인, 연구자, 활동가, 여성, 소수자, 비정규 불안정 노동자 등등의 위치를 가졌던 '우리'는, 사는 나라가 달랐음에도 대체로 비슷한 경험을 공유하고 있었다. 한편, 각지의 다른 상황과 저항의 방식에 대해 깊은 호기심을 가지기도 했다. 그래서 우리는 친구가 될 수 있었다.

이후 2019년 홍콩 반송환법 운동이 일어났을 때, 나는 홍콩에 있던 친구의 안부를 묻다가 홍콩 시위에 연대하게 되었다. 홍콩시위를 진압하는 경찰폭력의 수위에 분노한 한편, 멀리서나마 지속적으로 연대해나가기 위해서 '국가폭력에 저항하는 아시아 공동행동'이라는 그룹을 결성했다. 곧 다른 그룹들과도 네트워크가 결성되었고, 함께 홍대입구역 9번 출구 앞에서 정기 집회를 진행했다. 집회에는 고국의 일에 마음을 졸이던 재한홍콩인들도 합류했다. 우리는 홍콩의 투쟁을 한국에서 이슈화하면서 국제적인 압력을 넣기 위한 활동을 펼쳤다. 꾸준히 연대활동을 하면서 현지에서 힘겹게 싸우는 홍콩의 시민들에게 힘을 주고 싶은 마음이었다. 연대활동을 시작하니 다른 나라의 일도 모른척할 수 없었다. 태국, 그리고 미얀마의 시민항쟁에 연대하는 활동에도 자연스럽게 함께하게 되었다.

이 글에서는 한국의 연대 활동가로서 경험한 2019년 홍콩 반송환법 운동과 미얀마 시민들의 시민불복종 운동을 소개하고, 국가폭력과 사회경제적 불평등에 맞서기 위한 국제연대의 현황과 의미를 짚어보고자 한다. 홍콩항쟁은 한국사회에서 청년·대학생·시민들의 연대행동 및 광범위한 언론과 대중의 관심을 이끌어내었다. 또한 미얀마항쟁에 연대하기 위해 106개 한국시민사회단체가 모인 연대체인 '미얀마 민주주의를 지지하는 한국시민사회단체모임'이 결성되어 지금까지 꾸준히 활동을 이어오고 있다. 아시아 각지에서의 시민항쟁을 야기한 주요 원인인 사회경제적 불평등은, 국제적인 연대가 결성되는 계기가 되기도 한다. 이 글에서는 국제연대 행동이 한국사회에 어떤 질문을 던졌는지 짚어보면서, 국제연대를 통해 각국의 국가폭력과 사회경제적 불평등에 맞설 방안을 살펴보고자 한다.

홍콩의 시민항쟁과 한국시민사회의 연대

▪ 홍콩 반송환법 시위와 홍콩의 정치제도

2019년 3월부터 진행된 홍콩 민주화시위는 홍콩 정부의 중국 정부로 범죄인을 인도하는 '송환법' 도입에 반대하여 촉발되었다. 법안이 통과된다면 홍콩이 중국 본토의 법의 지배 하에 놓이고, 일국'양제'가 무너질 것이라는 불안감, 시민들의 자유를 무시하고 사생활과 언론의 자유를 침해할 것이라는 우려가 팽배했다. 시위가 진행되는 과정에서 경찰이 시위대를 과잉진압하면서 시위대의 요구는 법안의 철회를 넘어 경찰의 강경 진압에 대한 독립 조사, 체포된 시위자들의 조건 없는 석방, 시위대 '폭도' 규정 철회, 홍콩 정부의 수반인 행정장관 직선제 주장으로 확대되었다.

이 시위에는 입법회에서 송환법이 통과되는 것을 막아야 한다는 절박함과 함께, 우산혁명 등 그간의 대정부 투쟁을 거치면서 홍콩 시민사회의 축적된 조직력이 발휘되었다. 홍콩의 시민단체인 민간인권전선이 주최한 2019년 6월 9일 시위에는 홍콩 시민 100만 명이 거리로 나와 홍콩 역사상 최대의 시위를 벌였고, 6월 16일에는 이의 두 배에 달하는 200만 명의 홍콩 시민들이 참여했다. '용무파'로 불리는, 각종 보호장비를 착용하고 시위대의 전면에서 싸우는 청년시위대들의 존재도 두드러졌다.

시위의 직접적인 계기는 '송환법' 도입이었으나, 지난 우산운동에서 요구했던 '행정장관 직선제'라는 정치개혁 또한 주요 과제였다. '일국양제'를 수호하기 위해서는 친중파가 정치권력을 장악하는 구조를 바꾸어야 했기 때문이다. 홍콩의 최고 권력자인 행정장관은 유권자의 직접선거가 아닌 선거인단의 간접선거로 선출된다. 홍콩의 행정장관 선거인단 1천 200명은 금융, 유통, IT, 교육, 의료 등 직능별로 16~60명씩 뽑는 선거인단과 입법회 대표 70명, 전인대는 대표 60명, 종교계 대표 60명 등으로 이루어지는데, 홍콩의 상공업계나 전인대 대표를 친중파가 장악하고 있어 친중파 행정장관이 선출될 수밖에 없는 구조이다.[2)]

1997년 홍콩 반환을 앞둔, 중국과 영국의 협정에서는 2017년부터 행정장관 직선제를 실시하기로 합의하였으나 중국은 이를 지키지 않았고, 2014년 전국인민대표회의(전인대)에서 선거위원회를 통해 간접선거를 하기로 결정했다. 이에, 홍콩시민들은 79일간 홍콩 도심을 점거하며 행정장관 직선제를 요구하는 '우산운동'을 벌였다. 우산운동은 목표를 달성하지 못하고 막을 내렸으나, 홍콩의 시민들은 우산운동의 경험을 바탕으로 더 크고 지속적인 시위를 벌여나갔다.

시위가 장기화되자, 홍콩의 행정장관은 송환법 철회를 선언했으나, 민심은 가라앉지 않았다. 근본적인 변화 없이는 또다시 송환법 제정과 같은 시도가 되풀이될 것이라는 판단이 있었다.

---

2) 안승섭, "홍콩 '우산혁명' 미완과제 '행정장관 직선제' 목소리 커질 듯(종합)", 연합뉴스(2019.11.25.).

홍콩인들은 '5대 요구' 중 무엇 하나도 빠져서는 안 된다며 시위를 이어갔다. 특히 청년, 대학생들이 격렬한 투쟁을 벌였는데, 홍콩경찰이 대학 캠퍼스를 포위하고 최루탄을 쏘며 학생 시위자들을 무차별적으로 체포하는 충격적인 사건이 벌어지기도 했다. 시위의 한가운데에 있었던 2019년 11월 24일 홍콩의 지방선거인 구의회 선거가 실시되었고, 선출직 의원 총 452석 중 389석을 차지한 범민주파의 압승으로 끝났다. 유권자들은, 중국정부가 주장하듯 '침묵하는 다수'가 아닌 '시위를 지지하는 시민'이었다. 당선된 범민주파 의원들은 홍콩이공대로 달려가 경찰의 포위를 해제시켰다. 홍콩의 희망이 들끓었다.

그러나 범민주파의 선거 승리에도 불구하고 코로나19 팬데믹 방역 등을 구실로 한 홍콩정부의 시민 통제는 강화되었고, '홍콩보안법'이 홍콩 입법회를 거치지 않고 중국 전인대에서 통과되었다. 이에 따라 '반정부 활동'이 전면적으로 금지되었다. 홍콩시위의 상징인 '광복홍콩 시대혁명' 슬로건을 내거는 것만으로도 처벌을 받을 수 있게 된 것이다. 또한 외국인의 행위나, 외국에서의 행위도 처벌할 수 있게 되었다. 이 법에 따라 수많은 민주파 인사들, 시위대가 체포되었다. 또, 민주진영 후보자들의 피선거권을 박탈하려는 선거제도의 개악도 이어졌다. 입법회 입후보자들의 심사 기준을 강화해 선거위원회의 추천과 홍콩정부의 자격 심사를 통해 '애국자' 기준에 부합하는 이들만 선거에 나설 수 있도록 홍콩의 선거제도를 개편한 것이다.[3] 지금

3) 정의길, "홍콩 입법회 선거, 최저 투표율 30.2%", 한겨레(2021.12.20.).

까지도 언론, 노동, 학생운동 등 각 분야에서의 전면적인 탄압이 지속적으로 이어지고 있다. 이에 상당수의 홍콩의 운동가들은 홍콩을 떠나 해외에 망명을 신청해 저항을 이어가고 있다.

■ '정체성' 투쟁 저변의 사회경제적 불평등

홍콩의 시민항쟁은 흔히 중국인 대 홍콩인의 구도로 그려진다. 홍콩인들의 투쟁이 주로 중국 국민국가로부터 동일성을 요구받고 있는 '홍콩'을 지키고자 하는, '반중국' 정서에 기반한 '정체성'의 투쟁으로 드러나는 까닭이다. 중국식 국민교육과 사회경제적 침투, 정치적 탄압에 강한 반감을 갖는 홍콩 청년들이 점차 늘어나고, 시위가 확대될수록 '중국인' 정체성이 아닌 '홍콩인'(Hong Konger)을 지향하며 홍콩의 정치는 홍콩인의 문제를 우선시해야 한다'는 비타협적 '홍콩 본토주의'(localism)가 지지를 얻고, 홍콩 독립에 대한 열망도 높아졌다.

한편, '중국인' 대 '홍콩인'의 싸움으로 국내 언론에서 종종 묘사되는 홍콩 시위의 배경에는 홍콩의 역사 속에서 축적되어온 극심한 사회경제적 불평등이 존재한다. '光復香港時代革命광복홍콩시대혁명'이라는 홍콩 시위의 대표 구호는 홍콩인의 정체성을 지키며 자유 홍콩의 영광을 되찾겠다는 의미 한편, 홍콩 땅의 상업지구 개발과 중국본토에서의 관광객 증가로 인해 홍콩인들이 겪었던 박탈감이라는 등장 배경이 있다.

홍콩의 빈부격차와 불평등을 가시적으로 보여주는 것이 불야성의 초고층 빌딩 한편에 있는 '닭장 아파트'라고 불리는 주거단지다. 닭장 아파트는 1.35평에 불과한 매우 좁은 쪽방인데,

한 칸 주차공간에도 미치지 못할 쪽방의 월세는 한 달 50만 원이 넘는다. 홍콩의 주택은 세계 최고 수준의 높은 주거비에도 불구하고, 낮은 주거수준으로 유명하다. 홍콩의 소득 대비 주택가격은 부동의 1위이며, 쪽방 아파트에는 20만 명 이상이 생활하고 있다. 침대 하나가 간신히 놓이는 18스퀘어피트(약 1.67m^2·0.5평) 규모의 '방'(집)도 존재하며, 그나마도 월세가 오르는 추세다. 인구 750만 명의 홍콩에서 빈곤층은 100만 명이 넘는다.[4] 홍콩 시위의 사회경제적 배경 중 하나로 청년들이 부담해야 하는 높은 주거비와 열악한 주거사정이 꼽히는 이유다. 이 때문에 홍콩의 청년들은 부모와 독립된 생활을 할 수 없는 경우가 허다하다.

그러나 홍콩의 부동산·주택 정책은 부유층을 위해 수립된다. 산업용지가 대륙으로 이전한 부지는 토지 매매를 통해 수익을 극대화하는 방식으로 개발이 이루어지고, 공공주택이나 서민들을 위한 시설이 아닌 상업시설이 들어선다. 많은 홍콩시민들은 공공주택 입주를 기대하며, 8~10년을 기다리는 이들이 대다수이며, 운동 일각에서는 홍콩 토지의 상당부분을 차지하는 골프장을 폐쇄하고 공공주택을 건설할 것을 요청하고 있지만, 홍콩 정부는 부유층을 위한 정책을 고수한다. 중국 자본의 침투와 홍콩 토지의 상업화는 청년들의 삶의 질을 더욱 떨어뜨리고 불만을 가중해왔다.

높은 주거비와 생활비에도 불구하고 홍콩의 최저임금 또한

4) 연합뉴스, "[특파원 시선] 홍콩 서민들의 꿈 10평대 임대아파트—'닭장 집' '관짝 집' 탈출하는 '복권' … "8~10년 대기"", 매일경제(2020.10.17.).

매우 낮다. 2019년도 홍콩의 최저임금은 37.5홍콩달러(약 4.8달러), 한화로 약 5,800원 수준인데, 그나마도 입주 가정부, 인턴 등에게는 예외가 적용된다.

중국 자본에 홍콩시민들의 '경제권'을 침탈당하고 있다는 의식은 '정치적 소비' 운동으로 이어졌다. '노란 경제'(Yellow Economy) 운동은, 홍콩 민주화 운동의 상징인 '노란 우산'과 연결 지어, 홍콩 시위에 우호적인 '노란 상점'에서 소비하고, 중국 자본이 투자됐거나 홍콩 정부와 경찰을 지지하는 '파란 상점'에 대해선 불매운동을 벌이는 것이다. 모바일 앱과 소셜미디어 등에서 노란 상점과 파란 상점을 구별하는 정보를 공유하며 노란상점에서의 구매를 독려한다. 홍콩 경제를 침체시킴으로써 중국 경제, 나아가 중국공산당을 붕괴시키겠다는 "람차우"(攬炒, crash together, "죽어도 같이 죽자")라는 구호가 등장하기도 한다.

일각의 홍콩의 좌파운동가들은 과거 홍콩의 사회운동의 가치체계는 평등과 사회자원의 재분배에 초점을 맞추고 있었고, '반신자유주의' 경향을 갖고 있었으나, '본토주의 운동'이 기반이 된 반송환법 시위에서 전통적인 사회운동의 요구들이 침묵하게 되었다고 분석한다.[5] 홍콩 시위의 배경에는 사회경제적 불평등이 자리 잡고 있지만, 시위 속에서 이러한 불평등 해소를 도모했던 기존의 사회운동의 요구들이 자리 잡을 공간은 크지 않다고 느끼는 것이다. 한편, 시위 과정에서 노동조합 가입률이 유의미하게 늘어나는 등 조직화의 양상도 존재했다.

---

5) 黎恩灝(Eric Lai), 홍명교 옮김, "[번역기사] 홍콩 좌익과 민중은 다시 만날 수 있을까?", 플랫폼c(2020.12.17.).

■ 한국시민사회의 연대 활동

홍콩 시민들의 투쟁은 국제적 연대를 이끌어내었고, 한국의 시민들도 이에 호응했다. 홍콩시위에서처럼 포스트잇을 벽에 부착하여 연대의 목소리를 내는 '레넌월' 시위, 관광객들이 많이 오가는 홍대입구역 등지에서의 정기 시위 등 연대행동들이 연속적으로 일어났다. 기존 홍콩시민단체와 교류하던 종교계, 인권·노동·시민단체를 비롯해 청년학생단체 등 새롭게 등장한 그룹들이 연대행동을 기획했으며, 이들은 함께 얀 호 라이 홍콩민간인권전선 부의장의 방한 행사를 주최해 한국에 홍콩의 문제를 알리고 지속적인 연대를 모색했다. 어려운 상황에서도 재한홍콩인들은 꾸준히 홍콩의 문제를 알리는 전시회를 기획하는 등 기록과 확산을 도모하는 방식으로 연대를 구하고 있으며, 정치적 탄압을 피해 해외로 망명을 떠난 홍콩인들도 끊임없이 목소리를 내면서 국제적 관심을 촉구하고 있다.

홍콩의 경찰폭력에 대한 한국정부의 입장표명을 촉구하거나, '홍콩인권법'을 제정한 미국과 같이 법제도적 조치를 요구하는 목소리도 존재했으나, 일부 국회의원 이외에 한국의 정부와 국회는 이에 대해 이렇다 할 반응을 보이지 않았다. 홍콩보안법 제정에도 역시 침묵했다. 상대가 '중국'이라는 점, 미·중 간 패권 관계 하에서 국가적 이해관계가 걸려있다는 점이 대응을 어렵게 만들고 있는 것이다.

정부의 미온적 태도에도 불구하고, '홍콩문제가 한국사회에서 사라지지 않게끔 하는 것'은 우리에게 여전히 중요하다. 인권과 정치적 기본권은 보편적인 권리이며, 국제사회의 일원으로서 이에 침묵하지 않는 것은, 나의 권리도 마찬가지로 국가와 정치공동체가 보장해야 한다는 선언이기 때문이다. 누구도 '국가폭력'에 의해 시민적 기본권이 박탈되어서는 안 되며, 홍콩에서 인권의 박탈이 가능하다면, 또 패권적 힘에 침묵당해야 한다면, 그것은 권력이 행사되는 그 어느 곳에서나 가능한 일이 될 것이다.

홍콩에 꾸준히 연대하기 위해서는 국내에 인권기본법을 제정하고, 인권에 관한 국제기준들을 반영하여 국내법제화하는 것, 그를 통해 홍콩보안법과 같은 반인권적인 법에 대응하고 인권 침해행위에 대해 제재를 할 수 있도록 하는 것이 필요하다. 기본적인 인권과 참정권이 박탈될 때, 사회경제적 권리를 요청하기가 더욱 어려워지고, 약자들의 삶은 더욱 힘겨워진다. 중국정부는 홍콩인들의 시선을 '경제문제'로 돌리려고 하고 있지만, '불편한 진실'은 중국대륙에서조차 불법화되고 쫓겨나는 농민공, 노동자, 사회적 약자들이 있다는 사실이다.

미얀마 시민불복종 운동과 한국시민사회의 연대

■ 미얀마 군부 쿠데타와 시민항쟁

2021년 2월 1일 미얀마 군부가 쿠데타를 일으켰다. NLD의 압승으로 끝난 지난해 총선이 부정선거라는 명목이었다. 2015년 총선에서의 압승에 이어 또다시 집권한 NLD가 군의 정치적

권한을 축소하는 헌법 개정, 군부가 장악한 국영기업 민영화 등 군부의 특권을 위협하는 행보를 보일 것이라는 계산이 배경에 있었다. 군부는 윈 민 대통령의 사퇴를 요구했으나, 이를 거절하자 군부는 대통령을 구속하고 국가 비상사태를 선포하여 입법 활동을 정지시켰다. 민족민주동맹(NLD) 의원들, NLD를 지지하는 인사들도 대거 구속되었다. 언론 통제, 전화와 인터넷 등 통신 차단, 주요 도시 통행제한령 발령이 뒤따랐다. 이윽고 민 아웅 흘라잉 군총사령관을 중심으로 한 군부가 중앙권력을 장악했다.

2008년에 제정된 현행 헌법에 따르면 군부는 행정부와 입법부 모두에 강한 영향력을 행사한다. 행정부의 국군과 경찰, 국경경찰에 대한 통제 권한이 모두 군총사령관에게 있고, 입법부의 상·의원 각 25%의 의석이 군부에 할당된다. 또한, 쿠데타를 합법적으로 보장하는데, 대통령이 비상사태를 선언하면 권력을 군총사령관에게 이양하도록 되어 있다.[6] 군부세력은 이 조항을 쿠데타의 근거로 들지만, 대통령을 구속한 상황에서 비상사태가 선포되었기에 정당성을 인정받을 수 없다.

이에, NLD 소속 의원들을 비롯한 당선의원들은 연방의회대표위원회(CRPH)를 결성하여 대응에 나섰고, 미얀마 시민들은 선거로 선출된 민간정부를 지지하며 쿠데타 철회를 요구하는 시민불복종 운동에 나섰다. 청년, 여성 등 새로운 주체가 등장하였으며, 노동자, 시민을 이끄는 MZ세대 '시위 리더'들이 등장

6) 박은홍, "[우당 이슈브리프 No.3] 미얀마 쿠데타와 국제사회의 대응 그리고 미얀마 민주주의의 미래", 고려대학교 평화와민주주의연구소(2021.04.29.).

했고, 시위대의 다수가 청년과 청소년이었다.[7] 깡통 시위, 오토바이 경적 울리기 시위를 비롯 대규모 시위가 여러 도시에서 동시다발적으로 일어났다. 쿠데타 이후 300일이 지난 시점에서도 주요 도심에서는 여전히 매일같이 플래시몹 시위가 벌어지고 있다.[8] 이러한 시민불복종 운동에 대한 군경의 탄압 수위는 극도로 높다. 총기 발포, 물대포와 중화기가 등장했고, 군경의 폭격과 방화 등으로 마을이 초토화되는 사건도 발생했다. 인권단체 정치범지원협회(AAPP)에 따르면 2월 1일 쿠데타 이후 11월 27일까지 군부에 의해 체포된 사람은 1만 517명, 사망자는 1,295명에 이른다.

장기간의 시위는 미얀마 시민들의 일상적 생존을 위협하고 있다. 시민불복종으로 인한 해고 등 미얀마 시민들의 생활고가 심화되었고, 극심한 폭력에 맞서려 소수민족 무장단체에 참여하는 시민들도 등장했다. CRPH는 소수민족 무장단체 대표들과 회담하고, 국제사회의 개입을 요청하였으며, 포스코 회장에게 서한을 보내 미얀마 군부의 자금줄이 되는 가스전 사업 대금지급 중단을 요청하였다. 4월에는 민족통합정부NUG가 구성되었고, 5월엔 시민방위군이 창설되었다. 시민게릴라군도 미얀마 전

7) 이들은 군부의 폭압적인 지배 하에서도, 미얀마가 국제사회에 나서기 위해 불완전하게나마 이루었던 민주주의의 진전을 몸으로 느낀 세대이다. 2008년 헌법 개정과 시민들의 뜻을 받아들여 대규모 댐 건설을 중지시킨 대통령, NLD의 집권 등을 통해 민주주의에 대한 자각을 싹틔운 세대이다(김은형, "미얀마 군부, 총칼로 청년들 정신까지 억압하진 못해", 한겨레(2021.03.31.) 참고).

8) 마 감, "[미얀마 쿠데타 300일] 여기서는 여전히 사람이 다치고 죽는다", 시사인(2021.12.16.).

역에서 결성되었다. 9월, NUG는 쿠데타 군사정권을 상대로 전쟁을 선포했다. NUG는 국제사회에 미얀마 군부가 아닌, NUG를 미얀마의 공식 정부로 인정하기를 요청하고 있다.[9)]

■ 미얀마의 사회경제적 불평등과 저항

제2차세계대전 종식 후 미얀마는 독립을 쟁취했지만, 식민지 시절부터 이어져 온 내부 세력들의 갈등이 격화되었다. 집권여당과 공산당 사이의 갈등, 소수민족 무장세력들과 공산당의 연합과 저항 등 과정에서 '국민통합'을 이루고자 하는 군부의 영향력은 확대되었으며, 정치적 불안정이 커질수록 군부와 불교의 영향력이 커졌다.[10)] 미얀마의 경제는 천연가스를 비롯한 자원 수출과 농업에 큰 비중을 두고 있다. 1962년 군부 쿠데타 이후 미얀마는 모든 산업이 국유화되고, 군부 주도의 사회주의 경제계획이 이루어졌다. 이후 1988년부터 경제개혁을 시작하였으나, 군부독재 체제에 대한 제재로 미국과 유럽에서의 투자는 미미하였고, 2011년부터 본격적인 경제개방 정책을 펴면서 천연가스 개발사업을 중심으로 경제가 성장했다. 현재 미얀마 가스전 사업은 연간 4조 원 규모로 미얀마 정부 예산의 10%를 차지한다.

미얀마의 자본주의적 이행은 토지와 노동을 강탈하는 방식으로 이루어지고 있다. 도심에서는 저임금, 비공식, 불안정한 고용이 확대되고 있으며, 잉여노동력으로서의 농촌과 도시의 빈곤

9) 프랑스와 유럽의회는 이를 승인하였다.

10) 윤효원, "미얀마 사태를 알기 위한 역사 이해 ③", 매일노동뉴스(2021.03.29.).

노동자들은 인근 국가에 이주노동자로 취직하여 과잉 착취를 당하고 있다.[11] 군부를 비롯한 일부 특권층이 해외자본을 유치하여 이윤을 축적하고 있는 가운데, 다수 민중의 삶은 지속적으로 악화되고 있는 셈이다. 이런 맥락에서, 미얀마의 시위에 미얀마의 노동자들의 조직적인 저항이 이어지고 있다는 점, 이들의 요구에 주목해야 한다.

미얀마의 가스전 개발사업은 군부와 해외 자본의 협업으로 이루어졌는데, 이 과정에서는 많은 인권 침해가 발생했다. 군부에 의한 강제노동, 성폭행, 토지 몰수 등이 자행되었으며, 토지의 개발 과정에서는 종교적 갈등을 부추기는 방식으로 로힝야족 등 소수민족에 대한 탄압이 이루어졌다. 1990년대 말 야다나에서 가스 파이프라인을 건설하는 과정에서는 군부가 군대를 출동시켜 노동력을 강제 동원했으며, 2016년 대우인터내셔널(현 포스코 인터내셔널)은 육상 가스 터미널을 짓는 과정에서 제대로 된 설명과 보상 없이 지역주민에게 토지 매도 서명을 강요했다.

여성을 비롯한 소수자들이 는 억압에도 주목해야 한다. 미얀마에서는 여성이 공개적으로 몸과 관련된 이야기를 꺼내는 것은 불가능할 정도로 여성에 대한 성차별이 심각했는데, 여성 성교육과 권리신장을 위한 운동을 펼치는 미얀마의 여성 인권운동가들은 강한 정치적 영향력을 행사하는 극우불교단체들의 반대와 살해 위협에까지 시달리기도 했다. 이들은 여성에 대한 산

---

11) 자카리 르벤슨·조프리 아웅, 보리 옮김, "[번역기사] 거리를 사수하라! 미얀마 쿠데타, 위기, 그리고 자본 [下]", 플랫폼c(2021.04.02.).

아제한정책을 주장하거나 불교도 여성이 무슬림 남성과 결혼하는 것을 법으로 금지하는 것을 주장하는 등 인권침해적인 제도를 주장했다. 미얀마의 여성들은 이러한 차별과 혐오에 꾸준히 맞서왔으며, 시민불복종 시위에서는 여성혐오적인 미신을 역이용하여 군대가 마을에 진입하지 못하도록 시위의 방어 전략으로 활용하기도 했다. 성소수자들 또한 시위에 적극적으로 나서며 자신들의 존재를 가시화하고 저항으로써 시민권을 행사했다.

■ 한국시민사회의 연대와 기업 대응

한국의 시민사회는 쿠데타 다음날인 2월 2일, 71개 단체의 연명을 받아 군부의 쿠데타를 규탄하고 민간 정부에 정권을 이양할 것을 요청하는 기자회견을 진행했다. 이어, 2월 말, 미얀마 민주주의를 지지하는 한국시민사회단체모임(이하 '시민모임')이라는 연대체가 꾸려졌다. 이 모임에는 인권단체, 종교계, 국제연대단체, 로힝야 난민에 연대해오던 단체, 풀뿌리 지역단체 등 다양한 영역에서 참여하고 있으며, 현재 106개 시민사회단체가 가입해 있다. 시민모임에서는 3월 3일 군부쿠데타 및 시민 학살 규탄 연대성명 발표 및 기자회견을 진행하고 이후 캠페인, 서명운동, 토론회, 자료조사, 기고, 모금 등 활동을 이어오고 있다. 4월 22일에는 아세안 정상회담을 규탄하고 아세안 국가 각 대사관에 성명을 전달하였고, 3월 31일부터 11월 30일까지 매일같이 미얀마에 대한 국제사회의 조치를 막아서는 중국, 러시아, 인도, 베트남 대사관 앞에서 미얀마 군부 쿠데타를 규탄하는 1인 시위를 진행했다. 한국 시민사회에서 미얀마 연대를 하는 단위는 시민모임뿐 아니라, 미얀마인 당사자 조직, 청년조직, 이주노동자 조직, 미얀마 당사자와 한국시민사회 단체 및 개인이 모인 조직, 종교계, 지역단위 네트워크 등 다양한 조직이 있다.

미얀마에 연대하기 위한 주요 활동 중 하나는 미얀마 군부에 자금줄이 되는 기업을 타겟팅하여 대응하는 일이다. 미얀마 시민 수백만 명이 총파업 시위를 벌인 2월 22일 한국의 청년들은 포스코 앞에 사다리를 설치하고 성장과 이윤을 좇으며 인권과 환경을 희생하는 포스코의 행태를 규탄하였고, 3월 10일, 한국사회의 기후운동, 노동운동, 인권운동 단위가 모여, 포스코 규탄대회 <기후악당 노동악당 인권악당 포스코 삼진아웃>을 개최하였다. 또한 시민모임에서는 앰네스티 보고서, 유엔인권특별보고관 보고 등 군부와의 관계를 부인하는 기업에 대응하기 위한 자료를 모으고 가스전 사업에 대한 질의서를 정부와 공공기관에 발송하였다. 여기에는 포스코의 주식 11% 이상을 보유한 최대주주 국민연금, 또 다른 주주인 한국가스공사 등이 포함된다. 이들에 대응하는 것은 한국 국민들의 세금이 투입된 공적 자금의 운용 문제라는 측면에서 중요하다.

기업대응에서는 미얀마-한국 시민사회의 긴밀한 협력도 두드러졌다. 시민모임은 Justice for Myanmar, Shwe gas movement 등 현지 시민사회단체와 공조해 군부카르텔 맵을 공유하고 포스코를 압박하였다. 경향신문에 포스코 인터내셔널이 미얀마 군부에 한 해 2,000억의 대금을 지급한다는 보도가 나왔고, 이어 MBC에서 연이어 군함판매 등을 보도했다. 이러한 활동에는 그간 한국의 시민단체들이 기업의 인권침해, 환경파괴 문제에 꾸준히 대응해 온 경험이 도움이 되었다.

무노조 경영을 고수해온 포스코의 방침과 잇따른 산업재해 사망사고가 일어남에도 불구하고 안전보다 이윤을 우선하는 포스코 사측에 맞서 싸우던 노동자들도 미얀마 시민들에게 연대했다. 군부와 맞서다 해고된 노동자들의 생계를 지원하는 후원금을 보내고, 포스코가 미얀마 가스전 사업 대금 지급을 중단할 수 있도록 꾸준히 요구하고 있다. 그러나 이 와중에도 포스코는 미얀마 군부에 대한 가스전 대금지급 중단을 결정하지 않고 있으며, 국민연금은 스튜어드십 코드라는 책임투자원칙을 갖고 있지만 투자기관인 포스코에 제대로 행사하지 않고 있다. 한국 정부는 미얀마 군부와 경제협력을 논의하여 미얀마와 한국 시민사회의 공분을 샀다. 사회 어느 집단이 무엇을 중요시하는지 분명히 드러나고 있는 셈이다.

세계 각지, 각 영역의 연대에도 불구하고 미얀마 사태는 장기화되고 있으며, 내전 양상으로 접어듦에 따라 군부의 잔학성도 높아졌다. 살해, 방화, 고문 등 소식이 끊임없이 들려온다. 미얀마의 시민들이 더 이상 희생되지 않도록, 실제로 군부에 강력한 제재를 가할 수 있도록 기만적인 입장 표명만이 아니라, 한국정부와 유관 기업의 행동이 절실한 때다. 한국의 시민사회는 국회가 미얀마에 대한 인권책무성을 높일 수 있도록 인권기본법을 제정하고 기업대응 및 무기거래, 국재개발협력과 관련한 법제도를 제개정할 수 있도록 협의하고 있다. 정부 또한 산업계의 자유를 보장한다는 명목으로 이를 등한시하지 않고 적극적으로 협력해야 할 것이다.

홍콩, 미얀마 시민항쟁의 장면들

국가체제에 도전하는 저항운동은 고정되었던 질서를 뒤흔들며, 새로운 국면들을 만들어낸다. 홍콩과 미얀마 시민항쟁에서 보인 특징적인 장면들과 그것이 일으킨 균열에 주목하고자 한다.

■ 국가통합이라는 명분의 강도 높은 폭력과 시민들의 전면적이고 끈질긴 장기 투쟁

홍콩과 미얀마의 시민항쟁에서 특기할 점은 시민의 평화시위를 탄압하는 경찰/군경 폭력의 수위가 매우 강했다는 점이다. 정부는 통제권과 패권을 유지하려는 방침 하에 민주적인 체제 전환을 요구하는 시민들의 시위를 강경하게 진압하였다. 홍콩에서는 경찰이 쏜 빈백탄 등에 맞아 시위대의 안구가 파열되는 일이 발생했으며, 실탄이 사용되었다. 경찰은 시민들을 무차별적으로 구타하고 체포했고, 경찰의 폭력이 제어가 되지 않는 상황에서 사건 조작 또한 빈번했기에, 공권력에 대한 시민들의 불신과 불안감이 무척 높아졌다. 경찰에 의한 성폭력이 고발되었고, 의문사 사례들이 나타나면서 시민들은 '경찰폭력에 대한 독립조사'를 요구했다. 최루탄 사용도 일상이었다. 시위대의 '프론트라인'에서는 최루탄을 무력화하기 위한 방법들이 개발되었다.

정부에 대한 시민들의 정치적인 지지도가 매우 낮고, 이는 투표로 확인됨에도 불구하고, 정부는 '국가를 통합한다'라는 명분 아래 시위대를 폭도로 규정하고 시민들의 요구를 묵살했다. 미얀마의 군부는 오랜 기간 소수민족의 분열이나 무장투쟁에 맞서 통합된 국가를 유지한다는 명분을 내세워왔으며, 이는 로힝야족 등 소수민족을 탄압할 수 있는 근거가 되었다. 국민들의 여론 역시 이에 영향을 받았다. 홍콩과 중국정부는 범민주파의 '지방선거 압승'에도 불구하고 시민들의 정치적 요구를 수용하는 대신 홍콩보안법 제정을 통한 전면적인 사회통제 방침을 밀어붙였다. 현 정권에 유리한 법제도를 통해 정치권을 장악하고 있음과 동시에, 압도적인 무력과 경제권을 확보하고 있기에 가능한 일이었다.

그럼에도 불구하고, 더 이상 압도적인 권력에 굴복하지 않고자 하는 시민들의 대규모 항쟁은 장기적으로 이어졌다. 경찰폭력이 강경했기에 오히려 이에 대한 시민들의 분노가 높았다. 시민들은 희생자들을 기억하고 추모하며 단결된 저항을 이어갔다. 홍콩의 도심은 검은 스프레이로 휘갈겨 쓴 '광복홍콩 시대혁명' 등의 문구로 온통 뒤덮였고, 도심 곳곳에서 동시다발적인 '게릴라 시위'를 벌여나갔다. 코로나 방역을 이유로 정부가 야외 집회를 금지하자, 홍콩의 시민들은 세계 각국의 연대 메시지를 모은 온라인 집회를 개최하였다. 미얀마에서도 잔학한 군경의 진압에도, 시민불복종 운동이 이어지고 있다. 탄압을 피해 도심 외곽에 자리 잡고 장기전을 이어가거나, 군부에 대항하는 시민군에 결합하는 사례도 빈번하다.

■ 민족정체성과 항쟁

홍콩과 미얀마의 항쟁에서 '민족 정체성'은 중요한 요소이다.

여러 민족과 정체성이 한 국가 내에서 어떻게 선택적으로 통합되고 '국민'으로서의 자격조건을 부여받는지, 그리고 그에 대한 저항은 어떤 새로운 국면을 만들어내는지 주목해야 한다.

홍콩인들의 투쟁은 '중국국민'으로서의 정체성을 강요받는 것을 거부하며 '홍콩의 정체성'을 지키고자 하는 것으로 드러난다. '본토주의'에는 중국대륙으로부터 온 이주민에 대한 반감과 그들이 홍콩인의 이권을 침해한다는 불만이 크게 자리 잡고 있다. 중국의 지식인들은 이런 홍콩인들에 대한 불쾌감을 숨기지 않으며 홍콩인들의 '국민답지 못함'을 꾸짖는다. 홍콩인들이 중국국민 국가의 성원권을 인정받기 위해서는 중국인으로서의 역사, 통일된 언어, 그리고 무엇보다도 '애국심'을 장착해야 한다. 이를 보유하지 않은 이들은 국민국가의 통합을 해하는 '분리주의자'로서 국가가 마땅히 처리해야만 하는 적이 되는 것이다. '반공주의'가 '애국심'의 근본적인 내용이 되었고, 이를 검증하여 국민으로서의 권리를 보장받을 수 있을지가 결정되었던 한국국민들에게도 낯설지 않은 장면이다. 한국도 아직 국가보안법이 살아 있는 국가이다(게다가 홍콩보안법상 최고형은 무기징역인 데 비해, 한국의 국가보안법상 최고형은 사형이다).

반송환법 시위에 참여한 홍콩 이주노동자들의 불안한 처지(체류권을 갱신받지 못하거나 본국으로 강제송환될 수 있는 처지)를 살펴보면 한 국가 안의 성원권의 차이가 드러난다. 그리고 홍콩 노동시장의 하층을 메꾸는 이주노동자들의 열악한 처우, 국제분업 하에 홍콩 가정의 가사노동을 담당하는 37만 명 이상의 외국인 가사노동자의 존재를 확인할 수 있다. 외국인 가사노동자들의 법정 최저임금은 한화로 약 68만 원에 불과하다. '단결' 한편으로 민족, 국적, 성별 등에 따른 한 사회 안의 불평등을 어떻게 다룰지 주목해야 하는 까닭이다. 홍콩 시위 속에서는 홍콩인과 이주노동자들과의 연대가 이루어지기도 했다. '시위 이후'의 사회에서는 이주노동자가 어떤 삶을 살아가게 될지, 이는 중요한 문제가 아닐까.

미얀마는 정부에 의해 공식적으로 인정받은 민족의 수만 135개에 달하는 다민족 국가이다. 이들은 지역에 따라 버마, 친, 까칭, 까잉, 까야, 몬, 야카잉, 샨 8개의 주요 '민족'으로 구분된다. 식민통치와 역사의 굴곡 속에서 이들 민족은 한 국가에 속해 있지만, 분리독립을 지향하는 세력부터 군부에 무장투쟁을 하는 세력, 주류 민족이나 '국가종교'인 불교도로서 지위를 누리는 세력 등 다양하다.

군부정권에서부터 법적으로 시민권을 박탈당한 로힝야족은 '미얀마인이 아니다'라는 규정과 함께 로힝야족은 미얀마 영토에 대한 불법점거자로 낙인찍혔고 박해의 대상이 되어왔다. 2016년 ARSA의 공격을 빌미로 한 미얀마 군부의 대대적 인종청소 작전으로 인해 수천명의 집단 살해와 집단 성폭행이 자행되었으며, 65만 명의 난민이 발생했다. NLD 또한 미얀마 군부의 탄압에 미온적인 태도를 보이며 실질적으로 그를 승인해왔다. 이에 대한 국제사회의 비판도 매우 높았다.

미얀마 군부에 열정적으로 맞서 싸우는 MZ세대는 로힝야족에 연대하려는 의지가 높은 세대이자, 성차별 등 기성세대의 교육과 체제에 반감을 가진 세대이다. 종교, 민족으로 나뉘고 적대하는 것을 넘어서 다양한 정체성이 공존하는 '민족통합 국가'로서 미얀마가 나아갈 수 있을지 많은 이들이 기대와 희망을 걸고 지켜보고 연대하는 이유이기도 하다.

■ 항쟁의 이미지, '문화'의 강력함

홍콩, 미얀마, 그리고 한국의 촛불항쟁까지, 아시아의 시민항쟁에서 두드러진 점은 '미디어의 활용'과 폭발적인 문화의 힘이다. 한국의 촛불이 그랬듯, SNS와 뉴미디어의 파급력 또한 주목된다. 홍콩항쟁의 '민중가요'에 해당하는 'Glory to Hong Kong'은 홍콩인들의 투쟁의식을 고취시키는 데 큰 역할을 했다. 해외에서도 각 언어로 번안되어 불리며 연대의 마음을 모았다. 미얀마에서도 모바일을 활용해 정보를 주고받으며 즉각적으로 모이고 흩어지는 시위방식이 널리 퍼졌다. 거리에 민 아웅 흘라잉 사령관을 조롱하는 그라피티가 등장했고, 출력해 활용할 수 있는 다양한 저항 이미지가 배포되었다.

시위의 의례도 있다. 홍콩 시위에서는 'Five demands' 구호를 외치면서 다섯 손가락을 편 손바닥을 내어보이는 제스쳐가, 미얀마에서는 태국 시위대가 영화 '헝거 게임'에서 차용해 태국 시위대에게 채택되기도 했던 '세 손가락 경례'가 광범위하게 사용되었다. 시위대가 동일하게 행하는 이러한 '의례'들은 참여함으로써 시위대의 일원으로 속하게 되었다는 결속감을 부여한다.

항쟁에서는 압도적인 저항의 이미지들이 등장했다. 노란 헬멧과 고글, 검은 복장으로 '무장'한 시위대의 이미지는 그들이 평범한 이들이기에 더욱 비일상적인 느낌이 든다. 시위의 상징이 된 이 이미지는 다양하게 변주되어 제작되었고, SNS 미디어를 통해 해외에도 즉각적으로 퍼지고 공유되며 연대를 확장했다. 홍콩의 도심 번화가 길을 막은 시위대의 바리케이트와 도로를 뒤덮은 그라피티, 한국의 남산 같은 라이언 락 산등성이를 밤새 밝히던 시위대의 불빛, 인간 띠, 레이저 쇼와 같은 이미지도 홍콩인들의 항쟁에 세계인의 시선을 잡아끄는 데 한몫했다.

이러한 이미지들은 국경과 언어의 장벽을 넘어 공감을 일으키고 연대의 힘을 모으는 큰 동력이다. 페이스북 등의 SNS 기업 또한 거대자본이라는 한계가 있지만, 자본이 잠식한 주류 언론이 다루지 않는 시위의 현장과 목소리를 이러한 방식으로 파급해나가는 것은 시민항쟁에서의 큰 힘이다. 기존 사회운동의 위계질서를 넘어, 미디어 사용에 능숙한 MZ세대가 시위의 중심에 나서게 된 배경이기도 하다.

제Ⅲ부 연대하는 삶

시민항쟁이 제기하는 질문

이 저항운동이 우리에게 던지는 질문은 무엇인가. 우리는 이로부터 어떤 이야기들을 풀어나가고, 국가폭력과 사회경제적 불평등에 맞설 전략을 어떻게 구상할 수 있는가.

■ '저항권'과 시민불복종 - 우리는 무엇을 할 권리가 있는가

시민항쟁은 우리에게 우리는 주권자로서 '무엇을 할 권리가 있는지'를 묻는다. 기존 체제가 시민들의 권리를 침해하고 탄압

할 때, 기존의 법질서, 체제를 넘어서 우리는 무엇을 상상할 수 있는가.

시민불복종은 국가의 법이나 정부 또는 지배 권력의 명령 등이 부당하다고 판단했을 때, 이를 공개적으로 거부하는 행위를 말한다. 미국의 작가 헨리 데이비드 소로의 저서 <시민 불복종(Civil Disobedience)>(1849)에서 기본 원칙이 정리되었고, 이후 민족해방 운동, 흑인 시민권 운동, 여성의 투표권 획득을 위한 서프러제트 운동, 환경운동 등 다양한 영역에서 시민불복종 운동이 펼쳐져 왔다.

비록 일시적인 선언이었지만, 복면을 금지하고 실탄을 발포하는 정부에 맞서 '임시정부 수립'을 선포한 홍콩 시위대의 예에서 국가의 역할을 따져 묻고 국가가 정당성을 상실했을 때 시민이 무엇을 할 수 있는지 생각하게 된다. 시위대는 선언문을 발표하여, "인류의 끊임없는 개선과 진화를 위해선 낡은 체제가 바뀌거나 심지어 전복돼야 한다", "따라서 홍콩인들은 시민에게 자유, 민주, 인권을 제공할 것을 다짐하는 임시정부를 수립한다. 우리는 이 정부가 국민의, 국민에 의한, 국민을 위한 정부임을 엄숙히 맹세한다", "우리는 홍콩 자치정부에 더는 어떠한 신뢰도 갖지 않으며 통치 정부로 인정하지도 않는다"며, 홍콩 자치정부 관료의 전원 퇴진 및 모든 정책의 중단과 함께 임시정부 운영의 로드맵을 제시했다.[12)]

미얀마에서는 시민불복종 운동과 함께 군부에 맞서 민족통합

---

12) 조일준, "홍콩 시위대, 자치정부 복면금지·실탄발포에 "임시정부 수립" 선언", 한겨레(2019.10.06.).

정부인 NUG가 수립되었다. 군부와의 내전에 들어선 상황에서 NUG가 국제사회의 인정을 요청하며 이에 대한 지지를 구하고 있다. 이 요청 앞에서 우리는 국가의 조건을 생각하게 된다. 국제사회가 NUG를 미얀마인을 대표하는 정부로 인정한다면 그것은 어떤 요건을 충족했기 때문인가? NUG는 적대와 박해의 역사를 넘어, 여러 민족들을 화합하고 동등한 성원권을 부여할 수 있을 것인가, 시민들의 광범위한 지지를 받으며 생명과 안전을 보호하는 역할을 할 수 있을 것인가 등을 질문하게 된다.

그리고 미얀마의 시민들이 시민항쟁 이후에 수립하고자 하는 대안사회의 모습을 생각하게 된다. 그 속에는 여성, 소수자, 노동자, 청년, 청소년들의 목소리가 고루 반영되어야 하고, 반영될 수 있는 민주적 시스템이 구축되어야 할 것이다. 중국을 비롯한 해외 개발자본의 전면적 침투 속에서 풀뿌리 주민들의 목소리를 반영하고 민주적이고 협력적인 지역의 계획을 함께 수립할 수 있는 지방정부, 그리고 통합정부의 역할이 필요하다. 쿠데타 대응을 넘어, 특정 집단의 이권을 강화해나가는 것이 아니라 시민들의 보편적인 사회경제적 권리를 보장하고, 나아가 지속가능한 공동체의 삶과 환경에 대해 고려할 수 있는 정부를, 시민불복종의 목소리는 요구하고 있지 않은가. 그렇지 못한 정부라면 시민들은 참지 않고 또다시 시민불복종에 나설 것이다.

■ 우리는 타국의 시민들의 일상과 어떤 관계를 맺고 있는가

지금 아시아 곳곳에서 일어나는 '사건'들은 우리가 단지 서로의 문제에 연대하는 것을 넘어, 우리의 문제 자체가 '공동으로 해결할 일'임을 알려준다. 다른 나라의 시민이 겪는 참극은 나와 결코 무관하지 않다. 아시아에서 시민항쟁에 나선 이들이 겪는 문제는 내가 속해 있는 정치공동체와 경제시스템의 작동, 그리고 나의 시민권과 연결되어 있다. 홍콩이 그랬고, 미얀마가 그랬다. '나'는 한 인간이자 시민사회의 구성원, 한 국가의 국민, 그리고 국제사회의 일원으로서 지금 이 시대에 일어나고 있는 일과 연관되어 있다.

미얀마 시민항쟁 연대활동은 포스코가 미얀마에서 행하는 가스전 개발과 이를 뒷받침하는 한국의 법제도, 공적기금인 국민연금 등의 투자와 같은 것들이 미얀마 군부의 이윤 축적 그리고 시민탄압과 어떻게 연결되는지 보여주었다. 홍콩보안법의 처벌 대상이 해외에서의 행위, 외국인들에게도 적용된다는 점은 국가주권의 문제를 제기하며, 홍콩의 상황에 대한 대한민국 정부와 국회의 무응답, 한국 내의 홍콩 관련 행사에 대한 중국영사관의 압력 등은 국제관계에서 중국이 행사하는 힘을 드러낸다.

아시아의 청년들은 K-pop에 열광하지만 K-pop이 아시아 청년들의 일상에 큰 기쁨과 활력을 주는 한편, 한국 기업들이 아시아에서 행하는 노동착취, 생태환경파괴 등 이윤을 극대화하고자 하는 행위는 그들의 삶을 위협한다. 한국사회의 불평등과 모순을 만들어내고 있는 자본주의와 신자유주의를 기반으로 한 기업 투자와 사업들은 해외시장에 진출하여 해외 시민들의 삶과 경제시스템, 정치권력에 영향을 미친다. 우리가 일상적으로 소비하는 저렴한 물건들은 아시아 시민들의 저임금 노동을 기반으로 하며, 한국인을 비롯한 수많은 세계인이 사용하는 아이

폰을 만드는 중국 공장에서는 살인적인 노동처우를 견디다 못해 노동자가 목숨을 끊고 있다.

우리가 겪는 일상 속에 폭력과 착취가 도사리고 있다는 점을 항상 상기하기는 쉬운 일은 아니지만, 이것을 인식하고 연대하여 함께 바꾸고자 하는 것은, 우리 일상 속에도 마찬가지로 자리 잡은 디지털 세상과 끊임없이 쏟아지는 흥미로운 컨텐츠들을 소비하는 '쾌활한 삶' 이면에 더욱 강화되는 사회적 불평등과 빈부격차, 실종되는 정치적 다양성이라는 '사회적 실존'에 가닿는 일이 아닐까. 풍요로운 일회용 소비로 가득 찬 생활, 그러나 상시적인 불안감이 가득한 생활에서 불현듯 도래하여 우리의 삶을 뒤흔드는 위기, 사회적 재해에 대응하기 위해서 우리는, 매트릭스의 네오와 같이 빨간약을 먹는 선택을 하는 것 외에 도리가 없지 않을까.

▪ 누구를 위한 성장과 개발인가

미얀마 시민들의 투쟁은 '왜 미얀마의 자원이 군부의 이익이 되는지, 포스코와 같은 해외기업의 이익이 되어야 하는지'를 묻는다. 미얀마의 천연자원을 '국영기업'의 이름을 단 미얀마 군부회사가 해외기업들과 합작 개발하여 얻은 이윤은 미얀마 시민들을 탄압하는 무기가 된다. 이에, 미얀마 시민들은 해외 기업들에 가스전 사업에 대한 '대금지급을 멈추어달라'고 요구하고 있다. 로힝야족 박해 등의 배경 또한 군부의 이권, 그리고 군부와 결탁한 해외 자본의 유치가 한 원인으로 지적된다. 미얀마정부는 2012년부터 외국인 투자 유치를 위해 토지법을 대거 변경했으며, 거대 규모의 목재 추출, 광산, 수자원 사업이 일어났다. 정치학자 사스키아 사센은 미얀마군이 로힝야족의 집을 불태우는 것도 개발 부지를 확보하는 과정으로 설명할 수 있다고 분석했다.[13)]

국내 한 포럼에 참여한 NUG의 전기에너지부 차관 Maw Htun Aung은 기후변화라는 문제에 직면해 해결책을 찾아나가는 데 있어 민주주의는 중요한 가치라고 역설하며, 2010년 선거를 통해 미얀마에 민간정부가 들어섰을 때, 정부는 풀뿌리의 목소리를 들었고, 주민들의 목소리를 반영해 미얀마 북부에 중국 회사가 거대 댐을 건설하려고 하는 것을 저지했으며 석탄발전소를 승인하지 않을 수 있었다고 했다. 그러나 군부체제에서 군부는 미얀마의 인프라, 대규모 댐 건설, 석탄발전소 건설 등을 위해 중국자본을 유치하고 있으며, 중국의 일대일로 전략과 투자는 미얀마에 원래 있었던 환경사회적인 안전장치를 거의 다 무너뜨린 케이스가 발생하고 있다고 지적했다.[14)]

수익을 목표로 국제협력사업을 하는 경우라도, 협력하는 국가 주체들이 민주적인 원칙과 규칙이 있다면 개발과정에서 시민사회와 소통하거나 외교적 해법을 통해 타국에 부정적인 영향을 미치는 것을 민주적으로 막아낼 수 있지만, 민주적이지 않은 국가에서는 자국 자본이나 기업에 대한 피드백 시스템이 존

13) 매일종교 뉴스2팀, “미얀마 로힝야족 탄압은 사업적 이유 때문—16만명 추방으로 개발부지 126만헥타르로 급증”, 매일종교신문(2017.01.05.).

14) 녹색전환 공론장 #6, <모두의 지구를 위한 국제연대—생태평화의 지구 민주주의를 만드는 세계의 동료들>, 녹색전환청년그룹·녹색전환연구소(2021.10.02.).

재하지 않는다. 한국의 경우에도 포스코를 비롯한 한국의 기업들이 해외에서의 인권 침해에 연루되는 사업을 제지하는 등 인권책무성을 강제할 법률이 미비하기에 이에 대한 시민사회의 감시와 압력, 그리고 정치권과의 협력을 통해 법제도를 개선해야하는 상황이다. 또, 한국정부 및 두산과 같은 대기업자본은 한국에 기후위기를 심화시키고 시민의 건강권을 침해하는 석탄화력발전소를 건설하는 것도 모자라, 베트남 붕앙을 비롯한 아시아 지역에 석탄화력발전소를 수출하며 해당 지역 시민사회의 반발을 사고 있다. '녹색성장'이라는 성장주의적 경제개발 협력방안을 고안하고 있기도 하다. 해당 사업이 현지에 어떤 영향을 미치는지 면밀하게 조사하고 진행 여부를 결정하도록 법적으로 인권·생태책무성을 강화해야 하는 이유이다.

성장과 개발로 이윤을 축적하고자 하는 세력이 정치적 결정권을 독점하도록 두지 않는 것은 우리 모두에게 중요한 일이다. 무차별적인 성장주의와 개발이 장기적으로 어떤 영향을 미칠지, 누가 개발의 피해를 보는지 민주적으로 의견을 수렴하고 조율할 수 있도록 경제분야에서 민주주의를 실현하는 것은, 정치적으로도 경제적 이권을 기반으로 한 독재세력을 견제할 수 있는 안전장치 중 하나가 될 것이다.

닫으며: 지금 우리의 역사를 함께 만드는 싸움

아시아의 '반란자'들이 모였던 <아시아 자치구 서미트>가 열린 '경의선 공유지'는 2016년부터 시민들이 점유하여 서울의 '26번째 자치구'를 선언한 공간이었다. 이곳에는 서울의 여러 지역에서 쫓겨난 노점상, 주거지를 강제철거당한 청년, 장애인 권운동단체 등이 들어와 있었다. 국공유지를 활용할 다양한 방법의 필요성에도 불구하고, 경의선 공유지는 민간사업자가 개발을 진행하기 위해 작년 철거되었다.

각지의 크고 작은 반란들이 고난을 겪고 있다. 연대하려는 사람들이 모이고 교류할 수 있는 공간들은 자꾸만 줄어들고 있고, 일상을 중단하고 도시를 마비시켰던 '반란자'들은 체포되고 감옥에 갇혔다. '국가폭력으로 우리 삶의 의지와 역동을 막을 수 없다'는 선언은 종종 무력하게 느껴진다. 하지만 '실패'라고 결론을 내리기에는 한참 이르다. '이전으로 돌아가지 않겠다'고 결심한 이들이 있기 때문이다.

비록 반란이 실패로 끝날지라도, 정권을 교체하지 못할지라도, 이전의 사회로 결코 돌아가지 않을 것이고, 돌아갈 수도 없다고, 끈질긴 싸움에 나선 사람들이 있다. 이들의 싸움은 지금껏 이 세상이 침묵해온, '어쩔 수 없다'고 참아 넘겨온, 어쩌면 우리가 굴복해온 문제들을 드러낸다. 미얀마 시민들의 투쟁은 '생명보다 이윤'을 좇는 한국 기업의 기만성을 폭로했고, '다윗과 골리앗'의 싸움으로 불리는 '거대중국'에 대한 홍콩인들의 싸움은 국가통합이라는 명목하에 다양성과 자치의 권리를 앗는 국가주의가 자본주의적 특권과 어떻게 결부되는지 드러냈다.

그리고 '우리'가 있다. 우리는 누구인가. 한국 사회에 함께 살고 있는 우리는 우리라고 함께 묶일 수 있는 존재들인가.

‘우리’ 사회에서는 경제적 이윤 추구와 정치적 비민주 속에서 어떤 사회 구성원들이 배제되고 인권 침해를 겪고 있는가. 이것은 우리가 동의하고 합의한 사회가 맞는가. 그것이 아니라면 우리가 살아 마땅한 사회는 어떠한 것인가. 더 이상 억압을 견디지 않겠다고, 새로운 정치 공동체를 세우기 위해 궐기해 싸우고 있는 아시아의 시민들은 우리에게 무엇을 질문하고, 무엇을 요구하고 있는가. 같은 사회의 시민이지만 어쩌면 외면하고 무시하고 있는 문제들이 국경이 맞물리고 사람들이 교차되는 현장에서 드러나고 있다. 우리는 이 실마리를 잡고 더욱더 파고들어 문제의 근본원인을 파악하고, 야만과 비참이 더는 반복되지 않도록 서로 연대하여 이 세계를 새롭게 상상하고 바꿀 수 있는 자격과 권리가 있지 않을까.

미얀마에서 희생자들의 소식이 들려올 때마다 마음을 졸이는 나날이다. 희생이 너무 평범한 일이 되었기에 어쩌면 무뎌질까 봐 두렵기도 하다. 시민들의 용감한 저항이 지속되고 있는 가운데, 스스로 총을 드는 것을 선택하는 청년들을 보는 마음이 무겁다. 정치적 망명을 선택할 수밖에 없었던 홍콩의 운동가들이 홍콩에 남은 동지들에 대한 죄책감을 토로할 땐 그만 턱, 말문이 막힌다. 우리는 태어나고 자라는 곳을 스스로 선택하지 않았지만, 우리가 사는 역사 속에서 무엇을 할 것인지 매 순간 선택해야 하고, 어떤 이들에게 그 선택은 개인의 삶을 넘어 생명과 인권, 민주주의, 그 사회의 미래라는 무게로 주어진다. 지배받는 것을 거부하고 ‘다른 역사’를 만들기 위해 나선 미얀마, 홍콩, 그리고 아시아 각지의 동지들에게 깊은 연대의 마음을 보내며, 내가 선 이곳에서 '우리'의 역사를 함께 만들어갈 것을 다짐한다.

■ 참고자료

김은형, "미얀마 군부, 총칼로 청년들 정신까지 억압하진 못해", 한겨레(2021.03.31.).
https://www.hani.co.kr/arti/society/society_general/988913.html

녹색전환 공론장 #6, <모두의 지구를 위한 국제연대—생태평화의 지구 민주주의를 만드는 세계의 동료들>, 녹색전환청년그룹·녹색전환연구소(2021.10.02.).

박은홍, "[우당 이슈브리프 No.3] 미얀마 쿠데타와 국제사회의 대응 그리고 미얀마 민주주의의 미래", 고려대학교 평화와민주주의연구소(2021.04.29.).
http://pdi.or.kr/archives/activities/woodangacademy_issue_brief_3

안승섭, "홍콩 '우산혁명' 미완과제 '행정장관 직선제' 목소리 커질 듯(종합)", 연합뉴스(2019.11.25.).
https://www.yna.co.kr/view/AKR20191125079651074.

윤효원, "미얀마 사태를 알기 위한 역사 이해 ③", 매일노동뉴스(2021.03.29.).
https://www.labortoday.co.kr/news/articleView.html?idxno=202042

정의길, "홍콩 입법회 선거, 최저 투표율 30.2%", 한겨레(2021.12.20.).
https://www.hani.co.kr/arti/international/china/1023961.html

조일준, "홍콩 시위대, 자치정부 복면금지·실탄발포에 "임시정부 수립" 선언", 한겨레(2019.10.06.).
https://www.hani.co.kr/arti/international/asiapacific/912163.html

黎恩灝(Eric Lai), 홍명교 옮김, "[번역기사] 홍콩 좌익과 민중은 다시 만날 수 있을까?", 플랫폼c(2020.12.17.).
http://platformc.kr/2020/12/hk-leftwing-dilimma/

자카리 르벤슨·조프리 아웅, 보리 옮김, “[번역기사] 거리를 사수하라! 미얀마 쿠데타, 위기, 그리고 자본 [下]”, 플랫폼c(2021.04.02.). http://platformc.kr/2021/04/coup-crisis-capital-in-myanmar-02/

마 감, “[미얀마 쿠데타 300일] 여기서는 여전히 사람이 다치고 죽는다”, 시사인(2021.12.16.).
https://www.sisain.co.kr/news/articleView.html?idxno=46206

매일종교 뉴스2팀, “미얀마 로힝야족 탄압은 사업적 이유 때문—16만명 추방으로 개발부지 126만헥타르로 급증”, 매일종교신문(2017.01.05.). http://www.dailywrn.com/9722

연합뉴스, “[특파원 시선] 홍콩 서민들의 꿈 10평대 임대아파트—‘닭장 집’ ‘관짝 집’ 탈출하는 ‘복권’ … “8~10년 대기””, 매일경제(2020.10.17.).
https://www.mk.co.kr/news/world/view/2020/10/1063883/

■ 저자 소개

__ 김석봉

평화로운 세상을 꿈꾸며 분단현실에서 나타나는 수많은 물리적, 구조적, 문화적 폭력을 비폭력으로 전환하는 평화활동을 오늘도 일상에서, 지역사회에서 실천하는 평화활동가입니다. 비폭력평화물결 공동대표이며, 회복적경찰활동, 회복적정의시민사회네트워크와 시민평화대학준비위원회 운영에 참여하고 있습니다.

__ 김유경

'사람을 만나는 것'이 좋아 10년 넘게 신문기자로 살아가던 중, '노동조합'을 만나 '연대'의 소중함을 알게 되었고, 좀 더 적극적인 연대를 꿈꾸며 '공인 노무사'가 되었습니다. 돌꽃노동법률사무소 대표 노무사를 맡고 있으며, '노동법 또는 노조 밖 노동자'를 주로 만나면서 '사람답게 사는 법'을 늘 고민하고 있습니다.

__ 김은호

15년째 안산에서 '희망교회'라는 작은 민중교회를 섬기고 있으며, 마을교육공동체를 통하여 416 참사로 별이된 아이들을 기억하는 운동을 하고자 '별들과함께하는 와동온마을학교 협동조합'을 만들어 운영하고 있습니다. 416안산시민연대 공동대표를 맡고 있으며, 416기억마을모임을 만들어 지역분들과 함께 운영하고 있습니다. 그리고 마을공동체 운동과 장애인들과 함께 장애인야학, 장애인자립생활지원센터 활동을 하고 있습니다.

__ 문아영

2012년 9월, 평화와 교육, 평화와 일상을 연결하는 플랫폼, 피스모모(PEACEMOMO)를 동료들과 함께 창립했습니다. 사회혁신의 궁극은 이 세계에서 전쟁이 그치는 일이라 생각하며 자본과 소비를 중심으로 구성된 세상이 조금이라도 덜 나빠지는데 작은 힘이나마 보태고 싶어하는 사람, 실천적 사유에 관심이 많으며 한나 아렌트를 좋아하고 북한산이 보이는 집에서 새촘, 우아, 레오, 라라, 네 마리의 고양이와 함께 삽니다.

__ 압둘와합

시리아 전쟁으로 고통받는 사람들을 돕기 위해 2013년 6월 13일 창설된 시민단체 '헬프시리아'의 사무국장을 맡고 있습니다. 시리아에서는 변호사로 활동했으며 한국에서는 동국대학교 법학 박사과정을 수료하고 논문 연구 중입니다. 지은 책으로는 <내 친구 압둘와합을 소개합니다>(공저)가 있습니다.

__ 오세욱

'일상에서 안전한 공간을 형성하는 평화실천'을 목표로 민주시민교육, 평화교육, 대안교육을 청소년 성인들과 함께 공부하고 있습니다. 세부연구주제로는 평화로운의사소통 민주적의사결정 폭력과갈등전환 공론장형성 공동체구축 등입니다. 그물코평화연구소 대표, 그물코학교 교장, 화성민주시민교육네트워크 상임대표를 맡고 있습니다.

__ 윤김지영

페미니스트 철학자이자 국립 창원대학교 철학과 부교수로 재직 중이며, 국내·국제전문저널에 영어, 불어, 한국어로 45편의 논문을 게재하였고 단독저서로는 『지워지지 않는 페미니즘』, 역서로는 『자신을 방어하기』 등을 출간하였습니다.

__ 이상현

전 세계에서 벌어지고 있는 국가폭력을 종식시키기 위해 아시아의 시민, 활동가, 커뮤니티, 단체, 정당 등이 함께 하는 '국가폭력에 저항하는 아시아 공동행동'의 공동대표로 활동하고 있으며, 홍콩 시민들에게 가해지고 있는 극심한 국가폭력에 맞서 연대활동을 이어가고 있습니다.

__ 장이정수

여성환경연대에서 30대 간사로 시작해 상임대표까지 마친 21년차 활동가입니다. 현재는 마을에서 기후위기와 여성주의, 건강과 돌봄의 공동체를 만드는 일을 하고 있습니다. 동료들과 함께 쓴 책으로 모이고 떠들고 꿈꾸다(풀뿌리자치연구소 이음 공저), 덜 소비하고 더 존재하라(여성환경연대 공저), 코로나시대 페미니즘 등이 있습니다.

__ 정미선

전남대학교 국어국문학과에서 박사학위를 받고 전남대학교 인문학연구원 HK연구교수로 재직 중이며, 「모녀 간 친밀성 서사의 젠더 정치」, 「이성애규범성과 젠더화된 섹슈얼리티의 탈구축」 등의 논문을 발표하였습니다. 레즈비언과 여성의 시선에서 한국사회의 서사화된 문화적 경관과 커뮤니티의 공간정치를 탐색하는 데 관심을 가지고 연구하고 있습니다.

저자 약력

김 석 봉 비폭력평화물결 공동대표
김 유 경 돌꽃노동법률사무소 대표 노무사
김 은 호 희망교회 목사, 별들과함께하는 와동온마을학교 협동조합 이사장
문 아 영 피스모모 대표
압둘와합 헬프시리아 사무국장
오 세 욱 그물코평화연구소 대표
윤김지영 국립 창원대학교 철학과 부교수
이 상 현 국가폭력에 저항하는 아시아 공동행동 공동대표
장이정수 여성환경연대 이사, 중랑마을넷 상임이사
정 미 선 전남대학교 인문학연구원 HK연구교수

전남대학교 인문학연구원 HK⁺가족커뮤니티사업단 시민문화총서 3

평화와 연대의 인문학

인 쇄 2022년 2월 25일
발 행 2022년 2월 28일

저 자 김석봉·김유경·김은호·문아영·압둘와합
오세욱·윤김지영·이상현·장이정수·정미선
발행인 정성택
발행처 전남대학교출판문화원

등 록 1981. 5. 21. 제53호
주 소 61186 광주광역시 북구 용봉로 77
전 화 (062) 530-0571～2
마케팅 (062) 530-0573
팩 스 (062) 530-0579
홈페이지 http://www.cnup.co.kr
이메일 cnup0571@hanmail.net

값 15,000 원

ISBN 978-89-6849-868-8 (93330)

이 저서는 2018년 대한민국 교육부와 한국연구재단의 지원을 받아 수행된 연구임
(NRF-2018S1A6A3A04042721)